VIE

DE

SAINT MARTIN

VIE

DE

SAINT MARTIN

PAR

SULPICE SÉVÈRE

DISCIPLE DE SAINT MARTIN

TRADUIT DU LATIN

PAR M. RICHARD VIOT

PRÉCÉDÉ D'UNE

NOTICE HISTORIQUE SUR SULPICE SÉVÈRE

 PAR M. L'ABBÉ J.-J. BOURASSÉ

CHANOINE DE L'ÉGLISE MÉTROPOLITAINE DE TOURS.

TOURS

IMPRIMERIE Ad MAME ET Cie

1861

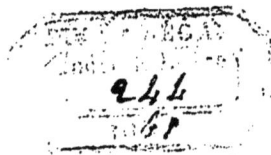

Le tombeau de saint Martin, témoin de miracles sans nombre, fut le but d'un pèlerinage très-fréquenté durant de longs siècles. Malgré les calamités publiques qui désolèrent trop souvent notre pays, le chemin de la basilique de Saint-Martin ne resta jamais désert. Les populations chrétiennes accouraient à Tours de toutes les contrées du monde. Grands et petits, riches et pauvres, venaient avec un égal empressement rendre hommage au patron des Gaules. Tous étaient attirés soit par l'espoir, soit par la reconnaissance : tous rivalisaient de zèle pour célébrer sa protection puissante et chanter ses louanges.

Nous n'avons point à redire ici ces merveilles. Si nous en rappelons le souvenir, c'est seulement pour exciter, envers notre illustre Protecteur, la confiance qui ne s'est jamais éteinte dans les cœurs, et que justifieront toujours de nouvelles faveurs dues à son intercession.

En 1562, la Providence permit que les huguenots, devenus maîtres de la ville de Tours, missent au pillage toutes les églises, et consommassent leurs forfaits par le plus affreux sacrilége : ils livrèrent aux flammes les reliques de saint Martin. Cet attentat causa une douleur universelle. Dieu, cependant, pour consoler ses fidèles serviteurs, inspira à un vertueux prêtre le courage de braver la mort, afin d'arracher au feu quelques parcelles, au moins, de ces précieuses reliques. Un dévouement si héroïque reçut sa récompense. Il sauva la majeure partie du chef et un os de l'avant-bras du saint évêque de Tours, et nous les possédons encore.

D'autres dévastations, plus terribles encore que les précédentes, vinrent affliger

et bouleverser la France à la fin du siècle
dernier. La basilique de Saint-Martin fut
emportée par l'orage. On gémissait à la
pensée que cette destruction pût être irré-
parable. On regrettait amèrement surtout
de voir le tombeau de notre grand évêque
profané et à jamais perdu pour la piété des
fidèles. Une fausse tradition prétendait que
l'emplacement du sépulcre se trouvait au
milieu de la voie publique. Après plus d'un
demi-siècle, l'erreur fut reconnue à l'aide
d'un plan enfoui jusque-là dans la poussière des Archives du département d'Indre-
et-Loire. C'était une véritable découverte,
et les dévots serviteurs de saint Martin en
furent ravis de joie. Grâce à un dévouement généreux, qui n'a pas tardé à obtenir
sa récompense, le 11 novembre 1860, on
retrouva le tombeau de saint Martin, conservé, comme par miracle, au milieu des
décombres de l'antique église. Cette *in-
vention* a été un jour de fête. Les pèlerins
pourront donc venir encore s'agenouiller

autour de cette glorieuse tombe, et le sanctuaire de saint Martin redeviendra la terre
des miracles !

Cet heureux événement a fait naître la
pensée de publier la *Vie de saint Martin,*
par Sulpice Sévère, disciple du saint évêque
de Tours. La lecture de ce volume réveil-
lera la dévotion envers notre thaumaturge.
Puisse le nom de saint Martin se trouver
sur toutes les lèvres ; puisse la charité,
dont il a été un si parfait modèle, régner
dans tous les cœurs !

NOTICE HISTORIQUE

SUR

SULPICE SÉVÈRE

———

Sulpice Sévère, issu d'une famille illustre,
naquit vers l'an 350, dans la province d'Aqui-
taine. Son éducation répondit à la richesse
et aux vues ambitieuses de ses parents. A
l'exemple de plusieurs de ses contemporains
devenus célèbres, Sulpice Sévère débuta de
bonne heure au barreau. C'était alors, comme
jadis à Rome, le chemin le plus court pour
arriver aux dignités. L'habitude de la parole
et le maniement des affaires révélaient promp-
tement, chez les hommes instruits et sérieux,
l'aptitude aux fonctions élevées de l'empire.

1

Sulpice s'y distingua par son éloquence, la sou-
plesse de son esprit, son habileté à déjouer
les artifices de la chicane, la rectitude de son
jugement, et la solidité de son argumentation.
Sa réputation se répandit au loin. Comblé des
dons de la fortune et du génie, il pouvait aspi-
rer sans témérité aux premières charges de
l'État. Entièrement absorbé par les préoccu-
pations mondaines, dans un âge où toutes les
espérances sourient à l'imagination, il s'en-
gagea dans le mariage en épousant une femme
de famille consulaire, également remarquable
par ses richesses et ses alliances. Sa belle-
mère se nommait Bassula. Il était impossible
à un jeune homme d'entrer dans la carrière
des honneurs sous de plus heureux auspices.
Hélas! tous ces beaux rêves d'avenir ne tar-
dèrent pas à s'évanouir. La Providence lui
réservait une destinée plus glorieuse. La mort
lui ravit son épouse, et le plongea dans une
tristesse profonde. Heureusement son âme, au
milieu de tant d'illusions, était restée chrétienne. Au lieu de se laisser abattre par le dés-
espoir, il se redressa énergiquement, et cher-
cha des consolations dans la piété. Dieu ré-

compensa magnifiquement sa foi : entre mille autres grâces, il lui ménagea celle de devenir l'ami de saint Martin, évêque de Tours.

Sulpice Sévère fut affermi dans sa résolution de quitter le monde par un compagnon d'enfance et d'études, saint Paulin, qui renonça lui-même aux grandeurs du siècle après avoir été revêtu de la dignité de consul, et fut plus tard la gloire de l'Église de Nole, en Campanie. Sulpice était encore dans la première fleur de l'âge : son sacrifice en fut plus méritoire. Il n'hésita pas un moment, et, en se consacrant au service de Dieu, il se dépouilla sur-le-champ de la propriété de ses biens, qui étaient considérables. Cependant, à l'imitation de saint Ambroise, il ne vendit pas ses héritages pour en distribuer le prix aux pauvres ; il se contenta de les céder à l'Église, en s'en réservant l'usufruit. Ce genre d'abandon plaisait davantage à ces grands personnages, accoutumés à exercer directement une influence active sur les hommes. Saint Paulin exalte en termes pompeux cet acte de désintéressement, qu'il regarde comme l'accomplissement du précepte de saint Paul recomman-

dant aux chrétiens de posséder comme s'ils ne
possédaient pas.

Personne ne l'ignore, les généreuses réso-
lutions, comme les grandes œuvres, sont ordinairement soumises aux épreuves. En cette
occasion, Dieu n'en dispensa pas son serviteur. Sulpice rencontra des contradictions et
des obstacles de tous côtés. Son changement
de vie irrita son père, et excita la risée de ses
anciens amis. A ces chagrins, dont l'amertume
le désolait, vint se joindre la maladie. A deux
reprises différentes, il tomba grièvement malade ; mais sa force d'âme, aidée de la grâce
divine, triompha de toutes les tentations.

Peu de temps après sa conversion, Sulpice
Sévère vint à Tours visiter saint Martin. L'histoire ne nous a pas fait connaître la cause de
ce voyage. Nous pouvons l'attribuer à cet attrait
invincible qui poussait vers l'illustre évêque
de Tours les cœurs héroïques, saintement pas-
sionnés pour Dieu et pour son Église ; amou-
reux des rigueurs salutaires de la mortification
de la croix, animés de l'amour du prochain.
On croit communément que cette première
entrevue eut lieu vers l'an 393. Sulpice fut

accueilli avec les témoignages les plus touchants de bonté et d'affection de la part de
saint Martin. L'humble évêque le remercia
d'abord de ce qu'il avait entrepris en sa con-
sidération un si long et si pénible voyage. Il
le fit asseoir à sa table : faveur qu'il accordait rarement, surtout aux grands du monde.
« Quelque misérable que je sois, dit Sulpice
Sévère, je n'ose presque le reconnaître ; ce
grand saint m'a fait l'honneur de me recevoir à sa table, de me verser de l'eau sur les
mains, de me laver les pieds. Il n'y eut pas
moyen de m'en dispenser, ni de m'y opposer.
Je fus tellement accablé du poids de son autorité, que j'aurais cru faire un crime de ne m'y
pas soumettre. »

Ainsi saint Martin remplissait envers un
étranger les devoirs de l'hospitalité chrétienne ;
ainsi commença pour Sulpice Sévère cette
douce familiarité avec notre saint évêque, qui
fit l'honneur et la consolation de sa vie. Durant
son séjour à Tours, Sulpice étudiait la vie et
les vertus de saint Martin, comme le meilleur
modèle à suivre ; déjà même il avait conçu le
dessein de mettre par écrit tout ce qu'il avait

appris des actions de notre illustre évêque. Jamais projet littéraire ne porta plus bonheur à un écrivain : la postérité connaît surtout Sulpice Sévère comme l'*historien de saint Martin*. Quoique notre saint prélat eût l'habitude de ne jamais parler de lui-même, et de cacher les grâces particulières que Dieu lui accordait, Sulpice cependant affirme qu'il apprit de sa propre bouche une partie des faits racontés dans son histoire. D'autres traits, avec quantité de circonstances intéressantes, lui furent révélés par les clercs de l'Église de Tours ou par les moines de Marmoutier. Peu d'auteurs ont eu la même bonne fortune. Aussi son récit peut-il être considéré comme entièrement digne de foi, puisqu'il s'appuie constamment sur le rapport de témoins oculaires, quand il ne reproduit pas les paroles mêmes de saint Martin.

A l'école d'un maître si habile, Sulpice fit de rapides progrès. Non content de venir de temps en temps passer quelques jours de retraite à Marmoutier, il transforma sa propre maison en communauté. Là, au milieu de ses anciens serviteurs et esclaves, devenus ses frères en Jésus-Christ, il mettait en pratique les plus austères exercices de la mortification, et passait ses jours dans les plus douces occupations de la piété. Il eut des disciples, parmi lesquels on compte Victor, qui avait reçu les premières leçons de la vie monastique à Tours. Au sein de cette agréable solitude, Sulpice Sévère, adonné à la méditation des choses célestes et à l'étude des saintes lettres, conservait une entière liberté d'esprit, et même cette aimable gaieté qui fut souvent le partage des serviteurs de Dieu. On trouve une preuve charmante de cet enjouement innocent dans une lettre qu'il écrivit à saint Paulin. Celui-ci l'avait prié de lui envoyer un cuisinier. Sulpice l'informe qu'il est assez heureux pour pouvoir satisfaire à sa demande, et qu'il lui enverra bientôt un serviteur plein de bonnes qualités. « Je ne veux pas toutefois, ajoute-t-il en riant, trop vanter ses talents; car il a été élevé dans ma cuisine, où l'on ne fait cuire que des fèves et d'autres légumes, où les mets les plus recherchés sont une espèce de bouillie et des herbes hachées, dont tout l'assaisonnement n'est que du vinaigre et des

feuilles de plantes aromatiques. » Saint Paulin
et Sulpice Sévère vécurent toujours dans une
étroite union. Outre le trait que nous venons
de citer, nous apporterons encore, comme
preuve de leur intimité, les petits présents
qu'ils étaient dans l'habitude d'échanger entre
eux. Un jour, Sulpice envoya à l'évêque de
Nole un manteau de poils de chameau, grossier
produit des fabriques du midi des Gaules. Il
reçut en retour la tunique de laine que Paulin
avait reçue de sainte Mélanie.

Charmante simplicité! touchants commerces
de l'amitié chrétienne! Les saints ont souvent
inventé de ces procédés, qui enchantent les
âmes candides. La religion épanouit ainsi les
cœurs, et donne naissance à des fleurs suaves
de sentiment et de délicatesse.

Nous ne dirons rien ici de l'ouvrage de
Sulpice Sévère sur l'*Histoire sacrée*, quoique
ce livre, justement estimé, lui ait mérité le
surnom de *Salluste chrétien*. Nous préférons
nous arrêter quelques instants à l'examen de
la *Vie de saint Martin*, des *Lettres* et des *Dialogues* qui en forment le complément. Il entreprit de rédiger la *Vie* sur la demande de Didier,

le même, comme on le croit, à qui saint Jérôme
et saint Paulin ont écrit. Le but qu'il se pro-
pose est de contribuer au salut des hommes,
en leur mettant sous les yeux un admirable
modèle de toutes les vertus. Il dédaigne la
vaine estime des gens du monde, plus occupés
des artifices du langage que des réflexions sé-
rieuses suggérées par la lecture de la vie des
saints. La modestie lui fait dire qu'il est inha-
bile à écrire, et qu'il ne rougit pas même de
faire des solécismes. Les amis de la littérature
latine le regardent néanmoins comme un des
meilleurs auteurs de son siècle. A peine eut-il
achevé son travail, qu'il en remit une copie
à saint Paulin. Celui-ci la porta à Rome, où
chacun se pressa de la lire. Les copies se mul-
tiplièrent rapidement, et la *Vie de saint Martin*
se lisait jusque dans les déserts de la Thébaïde,
du vivant même de l'auteur. Jamais livre n'obtint un succès plus rapide et plus général. Le
pieux évêque de Nole félicite son ami de ce
que Dieu l'a jugé digne de publier les louanges
d'un si grand évêque, et il lui promet une
récompense éternelle. « Ce discours, dit-il,
est comme un manteau dont vous avez revêtu

1*

et paré le Seigneur Jésus, que vous avez, pour ainsi dire, couronné des fleurs de votre éloquence. »

L'ouvrage avait d'abord paru sans nom d'auteur. Plus tard, Sulpice ne fit aucune difficulté de le reconnaître, et il s'en expliqua nettement dans les *Lettres* et les *Dialogues*. Ce n'est cependant, selon l'aveu même de Sulpice, qu'un abrégé de la vie de saint Martin ; beaucoup de faits merveilleux ont été passés sous silence. Nous n'acceptons pas l'excuse qu'il en donne ; si ses contemporains avaient eu peine à les croire, la postérité les aurait accueillis avec édification. Nous regrettons donc vivement cette fausse réserve de notre auteur. De son temps on s'en plaignit hautement, et ces plaintes arrivèrent à son oreille. Afin de réparer ces omissions, Sulpice écrivit ses *Lettres* et ses *Dialogues*. On y trouve, en effet, la narration de plusieurs traits omis dans la *Vie*. Rien n'est plus édifiant que la longue lettre adressée à Bassula, sa belle-mère, où il raconte la mort de saint Martin en termes si touchants. L'Église en a tiré la plus grande partie de l'office du saint évêque de Tours.

On a pensé avec raison que les écrits de Sulpice Sévère relatifs à saint Martin, écrits dont la lecture fit les délices de ses contemporains, et fait encore le charme de tous les dévots serviteurs du patron des Gaules, seraient lus avec plaisir et profit, par ceux qui ignorent la langue latine, dans une traduction élégante et fidèle, où l'on s'est appliqué à conserver, autant que possible, le caractère du texte original. Beaucoup de personnes aimeront à parcourir les pages mêmes de Sulpice Sévère, au lieu de s'arrêter aux commentaires plus ou moins ingénieux des historiens modernes. Les eaux sont toujours plus vives et plus pures à la source que dans des ruisseaux éloignés, quand même les rives en seraient émaillées de fleurs. Les goûts, d'ailleurs, sont variés, et les fidèles seront heureux, nous n'en doutons pas, de pouvoir se procurer la traduction d'un ouvrage aussi solide qu'attrayant. Qu'il nous soit permis ici de féliciter sincèrement l'auteur de cette traduction, M. Richard Viot, qui a fait preuve à la fois de bon goût et de zèle pour le culte de l'illustre évêque de Tours.

Nous formons tous des vœux ardents pour

que la dévotion envers saint Martin se propage de plus en plus. La puissance de ce grand pontife auprès de Dieu n'est pas diminuée : c'est toujours le thaumaturge et le patron des Gaules. Tous ceux qui l'invoquent avec confiance éprouvent les effets de son intercession miséricordieuse.

A Tours, le 11 mai 1861, fête de la Subvention de saint Martin.

J.-J. BOURASSÉ,

chanoine.

LETTRE

DE

SULPICE SÉVÈRE A DIDIER

SUR LE LIVRE DE LA VIE DE SAINT MARTIN

———

Sévère, à son cher frère Didier, salut:

Redoutant les jugements des hommes, et retenu
par une timidité naturelle, j'avais l'intention de garder en manuscrit et de ne pas laisser sortir de chez
moi le petit livre que j'ai écrit sur la vie de saint
Martin. Je craignais que mon style peu élégant ne
déplût aux lecteurs, et ne me fît encourir le blâme
universel; car je m'emparais d'un sujet réservé à de
savants écrivains, mais je n'ai pu résister à tes instances. Que ne sacrifierai-je, en effet, à ton amitié,
même en m'exposant à la honte! J'ai cependant écrit
ce livre, me fiant à la promesse que tu m'as faite, de
ne le livrer à personne. Je crains cependant que tu ne
lui ouvres la porte, et qu'une fois lancé, il ne puisse
plus être rappelé. S'il en était ainsi, et si quelques

personnes le lisaient, supplie-les d'attacher plus d'importance aux faits qu'aux mots, et de supporter patiefnment les défauts de style qui pourraient les choquer, car le royaume de Dieu ne consiste pas dans l'éloquence, mais dans la foi; qu'ils se souviennent aussi que la doctrine du salut n'a pas été annoncée au monde par des orateurs, mais par des pêcheurs; bien que, si cela eût été utile, le Seigneur eût pu le faire ainsi.

Lorsque pour la première fois je me décidai à écrire, dans la pensée qu'il n'était pas permis de tenir cachées les vertus d'un si grand homme, je pris le parti de ne pas rougir des solécismes qui pourraient m'échapper : car je ne suis pas très-savant en ces sortes de choses, et j'ai oublié, pour ne pas m'y être exercé depuis fort longtemps, le peu que j'en savais autrefois. Enfin, pour ne pas prolonger ces excuses importunes, si tu le juges convenable, publie ce livre sans y joindre mon nom; pour cela, efface-le du titre, afin qu'il annonce le sujet sans indiquer l'auteur, ce qui sera suffisant.

VIE

DE

SAINT MARTIN

————o‑o;‑e;‑oo————

I. — La plupart de ceux qui ont écrit la vie des
hommes illustres, exclusivement occupés de la
poursuite d'une gloire toute mondaine, ont espéré
par là s'immortaliser. Sans avoir complétement
réussi, ils ont atteint leur but en partie; car, tout
en acquérant une vaine renommée, les beaux
exemples qu'ils racontaient de ces hommes remarquables excitaient une grande émulation parmi
leurs lecteurs. Mais ce soin qu'ils prenaient de la
gloire de leurs héros, n'avait point pour but la bien-
heureuse et éternelle vie. Car, à quoi leur a servi
cette gloire qui doit périr avec leurs écrits, et quel
avantage a retiré la postérité de la lecture des combats d'Hector ou des disputes philosophiques de
Socrate, puisque c'est une folie de les imiter, et
même de ne pas les combattre avec énergie? Ne
considérant dans la vie que le présent, ils se

sont nourris de mensonges, et ont enfermé leurs
âmes dans la nuit du tombeau. Ils ont pensé
seulement à s'immortaliser dans la mémoire des
hommes, tandis que tout homme doit plutôt tra-
vailler à acquérir la vie éternelle qu'à perpétuer
sa mémoire sur cette terre, non par des écrits,
des luttes ou des disputes philosophiques, mais
en menant une vie pieuse et sainte. Cette erreur,
transmise d'âge en âge par les écrits des littéra-
teurs, a tellement prévalu, qu'il s'est rencontré
beaucoup de partisans de cette philosophie insensée et de ce vain mérite. Je crois donc avoir fait
quelque chose d'utile en écrivant la vie de ce saint
homme; elle servira d'exemple à mes lecteurs, et
les excitera à acquérir la véritable sagesse, à combattre pour le ciel, et à mériter la force d'en haut.
En cela, je trouve aussi mon intérêt, espérant
obtenir de Dieu une récompense et non des
hommes un vain souvenir; car, si je n'ai pas vécu
de manière à être proposé aux autres comme un
modèle, je me suis du moins appliqué à faire
connaître celui qui mérite cet honneur. Je vais
donc commencer à écrire la vie de saint Martin,
et à dire comment il s'est conduit, soit avant,
soit pendant son épiscopat, bien que je ne sois
pas parvenu à connaître toutes les particularités
de sa vie et les faits dont il fut le seul témoin,
puisque, ne cherchant pas la gloire qui vient des
hommes, il s'efforça toujours de tenir ses vertus

cachées. J'ai même omis quelques-uns des faits que je connaissais, persuadé qu'il était suffisant de parler des plus remarquables, et que pour mes lecteurs trop de matières causerait peut-être de l'ennui. Je supplie ceux qui me liront d'ajouter foi à mes récits, et d'être convaincus que je n'ai écrit que des faits certains et avérés; d'ailleurs, mieux vaut se taire que de mentir.

II.—Martin naquit à Sabarie (1), en Pannonie, de parents assez distingués, mais païens; il fut élevé à Ticinum (2), ville d'Italie. Son père fut d'abord soldat, puis devint tribun militaire. Martin embrassa encore jeune la carrière des armes, et servit dans la cavalerie, d'abord sous Constance, puis sous Julien César; non par goût cependant, car, dès ses premières années, cet illustre enfant ne respirait que le service de Dieu. N'ayant encore que dix ans, il se rendit à l'église, malgré ses parents, et demanda à être mis au nombre des catéchumènes. Bientôt après il se donna tout entier au service de Dieu; et, quoiqu'il n'eût encore que douze ans, il désirait passer sa vie dans la retraite. Il aurait même exécuté ce projet, si la faiblesse de son âge ne s'y fût opposée; mais son âme, toujours occupée de solitudes et d'églises,

(1) Sabarie, ancienne colonie romaine, aujourd'hui Sarwar.
(2) Ville de la Gaule cisalpine, aujourd'hui Pavie.

lui faisait déjà projeter, dès l'âge le plus tendre,
ce qu'il exécuta plus tard avec tant d'ardeur.
Lorsque les empereurs eurent ordonné que les
fils des vétérans entrassent dans l'armée, son
père lui-même, qui ne voyait pas d'un œil favorable ces heureux commencements, le présenta
pour le service militaire; ainsi, n'ayant encore
que quinze ans, il fut enrôlé et prêta le serment.
A l'armée, Martin se contenta d'un seul valet,
que bien souvent, intervertissant les rôles, il
servait lui-même : il allait jusqu'à lui ôter ses
chaussures et à les nettoyer; ils prenaient leur
repas ensemble, et le plus souvent c'était le
maître qui servait. Il passa environ trois ans à
l'armée avant de recevoir le baptême, et il se
préserva des vices si communs parmi les gens de
guerre. Sa bienveillance et sa charité envers ses
compagnons d'armes étaient admirables, sa patience et son humilité surhumaines. Il est inutile de louer sa sobriété : il pratiqua cette vertu
à un tel degré, que déjà à cette époque on le
prenait plutôt pour un moine que pour un soldat;
aussi s'était-il tellement attaché ses compagnons,
qu'ils avaient pour lui le plus affectueux respect.
Martin, quoique n'étant pas encore régénéré en
Jésus-Christ, montrait déjà par ses bonnes œuvres qu'il aspirait au baptême; car il consolait les
malheureux, secourait les pauvres, nourrissait
les nécessiteux, donnait des vêtements à ceux

qui en manquaient, et ne gardait de sa solde que
ce qu'il lui fallait pour sa nourriture de chaque
jour : déjà strict observateur des paroles de l'Évangile, il ne songeait pas au lendemain.

III. — Un jour, au milieu d'un hiver dont les
rigueurs extraordinaires avaient fait périr beaucoup de personnes, Martin, n'ayant que ses armes
et son manteau de soldat, rencontra à la porte
d'Amiens un pauvre presque nu. L'homme de
Dieu, voyant ce malheureux implorer vainement la charité des passants qui s'éloignaient sans
pitié, comprit que c'était à lui que Dieu l'avait
réservé. Mais que faire ? il ne possédait que le
manteau dont il était revêtu, car il avait donné
tout le reste ; il tire son épée, le coupe en deux,
en donne la moitié au pauvre et se revêt du reste.
Quelques spectateurs se mirent à rire en voyant ce
vêtement informe et mutilé ; d'autres, plus sensés, gémirent profondément de n'avoir rien fait
de semblable, lorsqu'ils auraient pu faire davantage, et revêtir ce pauvre sans se dépouiller eux-
mêmes. La nuit suivante, Martin s'étant endormi
vit Jésus-Christ (1) revêtu de la moitié du manteau

_____

(1) La piété de nos rois n'a pas peu contribué à immortaliser l'action de saint Martin. Le roi Louis XI l'a honorée
par une fondation perpétuelle qu'il a faite dans l'église de
Saint-Martin de Tours, pour l'entretien d'un pauvre qui
porte une robe de deux couleurs. (D. GERVAISE.)

dont il avait couvert la nudité du pauvre; et il entendit une voix qui lui ordonnait de considérer attentivement le Seigneur et de reconnaître le vêtement qu'il lui avait donné. Puis Jésus se tournant vers les anges qui l'entouraient leur dit d'une voix haute : « Martin n'étant encore que « catéchumène m'a revêtu de ce manteau. » Lorsque le Seigneur déclara qu'en revêtant le pauvre, Martin l'avait vêtu lui-même, et que, pour confirmer le témoignage qu'il rendait à une si bonne action, il daigna se montrer revêtu de l'habit donné au pauvre, il se souvenait de ce qu'il avait dit autrefois : « Tout ce que vous avez fait « au moindre des pauvres vous me l'avez fait à « moi-même. » Cette vision ne donna point d'orgueil au bienheureux ; mais, reconnaissant avec quelle bonté Dieu le récompensait de cette action, il se hâta de recevoir le baptême, étant âgé de dix-huit ans. Cependant il ne quitta pas aussitôt le service ; il céda aux prières de son tribun, avec qui il vivait dans la plus intime familiarité, et qui lui promettait de renoncer au monde aussitôt que le temps de son tribunat serait écoulé. Martin, se voyant ainsi retardé dans l'exécution de ses projets, resta sous les drapeaux et demeura soldat, seulement de nom, il est vrai, pendant les deux années qui suivirent son baptême.

IV. — Cependant, les barbares ayant fait irruption dans les Gaules, le César Julien rassembla
toute son armée près de Worms, et distribua des
largesses aux soldats, qui, selon la coutume, étaient
appelés les uns après les autres. Vint le tour de
Martin, qui crut le moment favorable pour demander son congé; car il lui semblait qu'il ne
serait pas juste, n'ayant plus l'intention de servir, de recevoir les largesses de l'empereur. Jus-
« qu'ici, dit-il, je vous ai servi, César; per-
« mettez que je serve Dieu maintenant : que ceux
« qui doivent combattre acceptent vos dons; moi,
« je suis soldat du Christ, il ne m'est plus permis
« de combattre. » A ces paroles, le tyran frémit
de colère, et lui dit que c'était la crainte de la
bataille qui allait se livrer le lendemain, et non
la religion qui le portait à refuser de servir. Mais
l'intrépide Martin, que le soupçon de lâcheté
rendait plus ferme encore, répondit : « Si l'on
« attribue ma résolution à la peur et non à ma
« foi, demain je me présenterai sans armes de-
« vant l'armée ennemie, et au nom du Seigneur
« Jésus, armé du signe de la croix, et non du
« casque et du bouclier, je m'élancerai sans crainte
« au milieu des bataillons ennemis. » Julien le fit
aussitôt conduire en prison, et ordonna de l'exposer le lendemain sans armes devant l'ennemi,
selon ses désirs. Le jour suivant, les ennemis
envoyèrent des ambassadeurs pour traiter de la

paix, se rendirent, et livrèrent tout ce qu'ils possédaient.

Qui doutera que cette victoire ne soit due au saint homme, que le Seigneur ne voulait point envoyer sans armes au combat? Et quoique ce bon maître eût bien la puissance de protéger son soldat, même contre les épées et les traits ennemis; cependant, pour que ses yeux ne fussent pas même souillés de la vue du sang, il empêcha le combat. En effet, si le Christ devait accorder la victoire en faveur de son soldat, ce ne pouvait être qu'en empêchant toute effusion de sang par la soumission volontaire de l'ennemi, sans qu'il en coûtât la vie à personne.

V. — Dans la suite, ayant quitté le service, Martin se rendit auprès de saint Hilaire, évêque de Poitiers; homme dont la foi vive était connue et admirée de tout le monde; il y resta quelque temps. Hilaire voulut le faire diacre pour se l'attacher plus étroitement et le consacrer au service des autels; mais Martin avait souvent refusé, disant hautement qu'il en était indigne. Hilaire, dans sa sagesse, vit bien qu'il ne se l'attacherait qu'en lui conférant un emploi, dans lequel il semblerait ne pas lui rendre justice; il voulut donc qu'il fût exorciste. Martin ne refusa point cet ordre, de peur de paraître le mépriser, à cause de son infériorité. Quelque temps après, Dieu lui ayant ordonné en

songe d'aller dans sa patrie visiter ses parents
encore païens, pour s'occuper de leur conversion
avec une pieuse sollicitude, saint Hilaire lui accorda la permission de s'éloigner; mais, à force de
prières et de larmes, il obtint de lui la promesse
de revenir. Il était plein de tristesse, dit-on, quand
il entreprit ce voyage, et il assura à ses frères qu'il
y aurait beaucoup à souffrir : ce qui arriva effecti-
vement. S'étant d'abord égaré dans les Alpes, il
rencontra des voleurs; l'un d'eux le menaça d'une
hache qu'il brandissait au-dessus de sa tête, un
autre détourna le coup; on lui lia ensuite les mains
derrière le dos, et il fut livré à l'un de ces brigands
pour être gardé et dépouillé. Ce voleur le conduisit
dans un endroit plus retiré encore, et lui demanda
qui il était. « Je suis chrétien, » répondit Martin;
il lui demanda ensuite s'il avait peur; Martin répondit alors avec courage qu'il n'avait jamais été
plus tranquille, parce qu'il savait que la miséricorde du Seigneur ne lui ferait jamais défaut, surtout dans les épreuves, et que c'était plutôt lui
qu'il plaignait, puisque le brigandage auquel il se
livrait le rendait indigne de la miséricorde de Dieu.
Puis, commençant à développer la doctrine de
l'Évangile, il prêcha au voleur la parole de Dieu.
Qu'ajouter à cela ? Le voleur crut en Jésus-Christ,
accompagna Martin qu'il remit dans son chemin,
en se recommandant à ses prières. Dès lors il mena,
dit-on, une vie sainte, et l'on croit même que

c'est de sa bouche que l'on a recueilli les détails
précédents.

VI. — Martin, poursuivant sa route, avait dépassé Milan, lorsque le démon, sous une forme
humaine, se présenta devant lui et lui demanda
où il allait. « Je vais où le Seigneur m'appelle, »
répliqua Martin. Satan lui dit alors : « Partout où
« tu iras, dans toutes tes entreprises, le diable
« s'opposera à tes desseins. » Martin lui répondit
avec ces paroles du Prophète : « Le Seigneur est
« mon appui, je n'ai rien à craindre des hommes. »
Son ennemi disparut aussitôt. Selon son espérance, il retira sa mère des ténèbres du paganisme, mais son père persévéra dans l'erreur;
ses bons exemples convertirent partout plusieurs
personnes. L'hérésie d'Arius s'était répandue dans
tout l'univers, et surtout en Illyrie; Martin, qui
presque seul combattait vaillamment la perfidie
des prêtres hérétiques, souffrit beaucoup d'outrages (car il fut publiquement battu de verges,
et enfin chassé de la ville). Il retourna en Italie;
mais ayant alors appris que l'Église était également agitée dans les Gaules, à cause du départ de
saint Hilaire, que les hérétiques avaient contraint
de s'exiler, il alla à Milan, où il se fit une solitude. Là aussi Auxence, fauteur et chef du parti
arien, le persécuta à outrance, l'accabla d'outrages et le chassa de la ville. Martin, pensant

qu'il fallait céder aux circonstances, se retira avec un prêtre très-vertueux dans l'île Gallinaria (1); il y vécut pendant quelque temps de racines, et, selon la tradition, ce fut là qu'il mangea de l'ellébore, plante vénéneuse. Sentant le poison s'insinuer dans ses veines et la mort s'approcher, il conjura par la prière ce péril imminent, et la douleur cessa aussitôt. Peu de temps après, ayant appris que l'empereur, regrettant ce qu'il avait fait, accordait à saint Hilaire la permission de revenir, il se rendit à Rome, dans l'espérance de l'y rencontrer.

VII. — Mais saint Hilaire avait déjà quitté cette ville; Martin le suivit, et, en ayant été reçu avec la plus grande bonté, il se fit une solitude près de Poitiers (2). Sur ces entrefaites, un catéchumène, désirant être instruit par un si saint homme, se joignit à lui; mais peu de jours après il fut pris de la fièvre. Martin était alors absent par hasard. Cette absence se prolongea trois jours encore, et à son retour il le trouva mort. L'évé-

(1) On croit que c'est l'île Gorgona, située à trente-deux kilomètres de Livourne.

(2) Ce lieu s'appelle Ligugé. Les disciples de saint Martin n'étaient pas moines de profession, et leur engagement n'était pas perpétuel... Ce qui n'ôte cependant pas à saint Martin la gloire d'avoir, le premier, introduit la profession monastique en France. (D. GERVAISE.)

2

nement avait été si soudain, qu'il avait quitté
la terre n'ayant pas encore reçu le baptême. Le
corps était placé au milieu de la chambre, où les
frères se succédaient sans cesse pour lui rendre
leurs devoirs, lorsque Martin accourut, pleurant
et se lamentant. Implorant alors avec ardeur la
grâce de l'Esprit-Saint, il fait sortir tout le monde,
et s'étend sur le cadavre du frère. Après avoir prié
avec ferveur pendant quelque temps, averti par
l'Esprit du Seigneur que le miracle va s'opérer,
il se soulève un peu, et, regardant fixement le
visage du défunt, il attend avec confiance l'effet
de sa prière et de la miséricorde divine. A peine
deux heures s'étaient-elles écoulées, qu'il vit tous
les membres du défunt s'agiter faiblement, et les
yeux s'entr'ouvrir. Alors Martin rend grâces à Dieu
à haute voix, et fait retentir la cellule des accents
de sa joie. A ce bruit, ceux qui se tenaient au
dehors rentrent précipitamment, et (ô spectacle
admirable!) ils trouvent plein de vie celui qu'ils
avaient laissé inanimé. Ce catéchumène, revenu
à la vie, fut aussitôt baptisé, et vécut encore plusieurs années. Le premier parmi nous il donna à
Martin l'occasion d'exercer sa puissance, et resta
en quelque sorte la preuve vivante de ce miracle.
Il nous racontait souvent qu'après avoir quitté son
corps, son âme avait comparu devant le tribunal
du Juge, et qu'il y avait entendu la triste sen-
tence qui le condamnait à habiter des lieux obs-

curs avec une foule d'autres âmes; mais alors
deux anges firent connaître au Juge qu'il était
celui pour lequel Martin priait : ils reçurent aussitôt l'ordre de le ramener et de le rendre à la vie
et à Martin. Ce miracle rendit le nom de Martin
très-célèbre, et ceux qui déjà le considéraient
comme un saint, le regardèrent alors comme un
homme puissant et vraiment apostolique.

VIII. — Peu de temps après, Martin, traversant les terres d'un certain Lupicin, homme honorable selon le monde, entendit les pleurs et les
lamentations d'un grand nombre de personnes.
Inquiet, il s'arrête, il demande la cause de ces
gémissements; il apprend qu'un des esclaves
vient de se pendre. Il entre aussitôt dans la
chambre où était le corps, fait sortir tout le
monde, s'étend sur le cadavre, et prie pendant
quelque temps. Bientôt le visage de l'esclave s'a-
nime, il élève vers Martin des yeux languissants,
et, ayant fait de lents et inutiles efforts pour se
soulever, il saisit la main du Saint, se dresse sur
ses pieds, puis s'avance avec lui dans le vestibule
de la maison, à la vue de tout le peuple.

IX. — C'est à peu près à cette époque que la
ville de Tours demanda saint Martin pour évêque;
mais comme il n'était pas facile de le faire sortir de sa solitude, un des citoyens de la ville;

nommé Ruricius, se jeta à ses pieds, et, prétextant
la maladie de sa femme, le détermina à sortir. Un
grand nombre d'habitants sont échelonnés sur la
route; ils se saisissent de Martin, et le condui-
sent à Tours, sous bonne garde. Là, une multitude immense, venue non-seulement de Tours
mais des villes voisines, s'était réunie afin de
donner son suffrage pour l'élection. L'unanimité
des désirs, des sentiments et des votes, déclara
Martin le plus digne de l'épiscopat, et l'Église de
Tours heureuse de posséder un tel pasteur. Un
petit nombre cependant, et même quelques évêques convoqués pour élire le nouveau prélat, s'y
opposaient, disant qu'un homme d'un extérieur si
négligé, de si mauvaise mine, la tête rase, et si mal
vêtu, était indigne de l'épiscopat. Mais le peuple,
ayant des sentiments plus sages, tourna en ridi-
cule la folie de ceux qui, en voulant nuire à cet
homme illustre, ne faisaient qu'exalter ses vertus. Les évêques furent donc obligés de se rendre
au désir du peuple, dont Dieu se servait pour
faire exécuter ses desseins. Parmi ceux qui s'opposaient à l'élection, il y avait un certain Défensor :
on verra qu'il fut pour cette raison sévèrement
blâmé par les paroles du Prophète; car celui qui
devait faire la lecture ce jour-là n'ayant pu
pénétrer à cause de la foule, les prêtres se trou-
blèrent, et l'un d'eux, ne voyant point venir le
lecteur, prit le Psautier, et lut le premier verset

qui lui tomba sous les yeux ; c'était celui - ci :
« Vous avez tiré une louange parfaite de la
« bouche des enfants, et de ceux qui sont encore
« à la mamelle, pour confondre vos adversaires,
« et pour perdre votre ennemi et son *défen-*
« *seur.* » A ces paroles, le peuple pousse un cri ;
les ennemis de Martin sont confondus. On resta
convaincu que Dieu avait permis qu'on lût ce
psaume, afin que Défensor y vît la condamnation
de sa faute ; car c'est de la bouche des enfants
et de ceux qui sont à la mamelle que Dieu,
en Martin, a tiré la louange la plus parfaite,
et l'ennemi a été détruit aussitôt qu'il s'est
montré.

X. — Nous n'avons point assez de talent pour
raconter ce que fut Martin devenu évêque ; il demeura toujours ce qu'il avait été auparavant, aussi
humble de cœur, aussi simple dans sa manière de
s'habiller. Il remplissait ses fonctions d'évêque
d'une manière pleine d'autorité et de bonté, sans
cesser pour cela de vivre comme un moine, et
d'en pratiquer les vertus. Pendant quelque temps
il habita une petite cellule près de l'église ; mais,
importuné du grand nombre de visites qu'il y recevait, il se fit une solitude (1) à peu près à deux
milles de la ville. Cet endroit était si caché et si

---

(1) Ce fut plus tard la célèbre abbaye de Marmoutier.

retiré, qu'il ressemblait à un désert. Il était ren-
fermé d'un côté par un rocher haut et escarpé,
de l'autre par une sinuosité du cours de la
Loire, qui y formait ainsi une petite vallée; on
ne pouvait y aborder que par un sentier fort
étroit. Saint Martin habitait une cabane de bois;
quelques frères en avaient de semblables, d'autres s'étaient creusé des cellules dans le roc. Il
y avait là quatre-vingts disciples, qui s'y for-
maient sur les exemples de leur bienheureux
maître. Aucun d'eux n'y possédait rien en propre,
tout était en commun; ils ne pouvaient ni vendre
ni acheter, comme le font ordinairement la plupart des moines. On ne s'occupait d'aucun art,
si ce n'est de celui de copier des livres : encore
cet emploi était-il réservé aux plus jeunes. Les
plus âgés vaquaient à l'oraison; ils sortaient rarement de leur cellule, excepté lorsqu'ils se réu-
nissaient pour la prière; ils prenaient leurs repas ensemble quand l'heure de rompre le jeûne
était arrivée, et ils ne buvaient point de vin, à
moins qu'ils ne fussent malades. La plupart portaient des habits de poils de chameau, c'était
un crime de se vêtir plus délicatement. Ce qui
rend cela plus admirable, c'est que plusieurs
d'entre eux étaient des hommes de qualité, qui,
élevés d'une manière bien différente, s'étaient
astreints à cette vie d'humilité et de souffrance.
Dans la suite, nous en avons vu plusieurs de-

venus évêques; et quelle ville, ou quelle Église,
ne se réjouirait pas d'avoir un évêque sorti du
monastère de saint Martin?

XI. — Je vais maintenant raconter les miracles qu'il fit pendant son épiscopat. A peu de
distance de la ville et non loin du monastère, se
trouvait un endroit que l'on regardait à tort
comme le lieu de la sépulture de plusieurs martyrs, qui y recevaient un culte, car l'érection de
l'autel était attribuée aux évêques précédents. Mais
Martin, n'ajoutant point foi légèrement à des tra-
ditions incertaines, demanda aux plus anciens
des prêtres et des clercs de lui dire le nom du
prétendu saint et l'époque de son martyre. Il était
fort inquiet à ce sujet, puisque la tradition ne
rapportait rien de bien avéré. Pendant quelque
temps il s'abstint d'aller à cet endroit, ne voulant pas porter atteinte à ce culte tant qu'il serait dans l'incertitude, ni l'autoriser de peur de
favoriser une superstition. Prenant un jour avec
lui quelques-uns des frères, il s'y rendit, et, se
tenant sur le sépulcre, il pria le Seigneur de lui
faire connaître quel homme avait été enterré dans
ce lieu, et quels pouvaient être ses mérites. Alors
il voit se dresser à sa gauche un spectre affreux et
terrible. Martin lui ordonne de déclarer qui il est,
et quels sont ses mérites devant le Seigneur : le
spectre se nomme, avoue ses crimes, dit qu'il

est un voleur, mis à mort pour ses forfaits et
honoré par une erreur populaire; qu'il n'a rien
de commun avec les martyrs, qui sont dans la
gloire, tandis qu'il est dans les tourments. Ceux
qui étaient présents entendirent cette voix étrange
sans voir personne. Martin leur dit alors ce qu'il
a vu, ordonne qu'on enlève l'autel, et délivre
ainsi le peuple de cette erreur et de cette superstition.

XII. — Quelque temps après, Martin, dans un
de ses voyages, rencontra le convoi funèbre d'un
païen qu'on portait en terre, avec des cérémonies
superstitieuses. Voyant de loin cette foule qui s'a-
vançait, et ne sachant ce que c'était, il s'arrêta un
instant; car, se trouvant à peu près à cinq cents
pas de distance, il lui était difficile de rien dis-
tinguer. Cependant, comme il voyait une troupe
de paysans, et que le vent faisait voltiger les linges
blancs qui recouvraient le corps, il crut qu'on ac-
complissait quelque rite profane et superstitieux:
car les paysans, dans leur aveuglement insensé,
ont l'habitude de porter autour de leurs champs
les images des démons recouvertes d'étoffes blan-
ches. Élevant donc la main, il fait le signe de la
croix, commande à la foule de s'arrêter et de déposer le fardeau. A l'instant même ils demeurent
immobiles comme des pierres; puis, faisant un
violent effort pour continuer leur marche, ils se

mettent à tourner ridiculement sur eux-mêmes,
jusqu'à ce que, épuisés par le poids qu'ils portent,
ils déposent le corps. Étonnés, ils se regardent les
uns les autres en silence, et se demandent à eux-
mêmes quelle peut être la cause de l'accident qui
leur arrive. Mais le bienheureux, ayant reconnu
que cette foule n'était point réunie pour un sacrifice, mais pour des funérailles, éleva de nouveau
la main, et leur permit de s'éloigner et d'empor-
ter le corps du défunt. C'est ainsi que Martin, suivant sa volonté, ou les força de s'arrêter, ou leur
permit de reprendre leur marche.

XIII. — Dans un bourg se trouvait un temple
fort ancien, que Martin avait détruit, et il se dis-
posait à abattre un pin qui en était proche, lorsque
le prêtre de cet endroit et toute la foule des païens
s'y opposèrent; et ces mêmes hommes, qui, par
la permission de Dieu, avaient laissé, sans y mettre
obstacle, démolir leur temple, ne pouvaient souffrir qu'on abattît l'arbre. Martin faisait tous ses
efforts pour leur faire comprendre que ce tronc
d'arbre n'avait rien de sacré, qu'ils devaient plutôt adorer le Dieu qu'il servait lui-même, que cet
arbre consacré au démon devait être abattu. Alors
l'un d'eux, plus audacieux que les autres, lui dit :
« Si tu as quelque confiance dans le Dieu que tu
« sers, nous abattrons nous-mêmes cet arbre;
« consens à le laisser tomber sur toi, et si, comme

2*

« tu le dis, tu es protégé par ton Dieu, tu n'é-
« prouveras aucun mal. »

Martin n'est nullement effrayé de cette propo-
sition, et se confiant dans le Seigneur, il promet de
faire ce qu'on demande; toute la foule des païens
consent à cette condition, et se résigne à la perte
de l'arbre, si sa chute doit écraser l'ennemi de
leurs dieux. Le pin penchait tellement d'un côté,
que personne ne doutait du lieu où il devait tomber. Martin fut attaché dans cet endroit, suivant
la volonté des paysans : ceux-ci, transportés de
joie, se mirent aussitôt à l'œuvre. La foule stupé-
faite se tient à une grande distance. Déjà le pin
vacille, et son ébranlement annonce sa chute. De
loin les moines pâlissent de crainte, et, cons-
ternés du péril imminent, ils ont déjà perdu
tout espoir et toute confiance, et n'attendent
plus que la mort de Martin. Mais celui-ci, se confiant dans le Seigneur, demeure ferme et exempt
de toute crainte. Tout à coup le pin éclate avec
fracas, tombe, et se précipite sur Martin, qui, élevant la main, lui oppose le signe du salut. Aussitôt,
comme s'il eût été repoussé par un tourbillon im-
pétueux, l'arbre se retourne et va tomber de l'autre
côté, où il manque de renverser les paysans, qui
s'y croyaient fort en sûreté. Les païens, frappés de
ce miracle, poussent de grands cris; les moines
pleurent de joie; les louanges du Christ sont dans
toutes les bouches. Ce jour-là fut assurément un

jour de salut pour ce pays : car il n'y eut personne, dans cette immense multitude de païens,
qui ne demandât aussitôt l'imposition des mains,
et qui, abjurant les erreurs du paganisme, ne crût
en Jésus-Christ. En effet, avant l'arrivée de Martin, presque personne ne connaissait le nom de
Jésus-Christ dans ce pays. Mais ses vertus et ses
exemples y ont été si puissants, que cette contrée
est maintenant couverte d'églises et de monas-
tères. A peine un temple païen est-il détruit, que
sur son emplacement s'élève une église ou un
couvent.

XIV. — A peu près vers la même époque, Martin opéra un miracle semblable. Dans un bourg se
trouvait un temple fort ancien, auquel il avait mis
le feu ; les flammes, poussées par le vent, atteigni-
rent une maison voisine, qui y était même atte-
nante. Dès qu'il s'en aperçut, Martin monta rapidement sur le toit, et se présenta aux flammes
comme un obstacle pour les arrêter. Alors vous
auriez pu voir, par un miracle étonnant, les flammes repoussées contre la direction du vent, et ces
deux éléments lutter en quelque sorte l'un contre
l'autre. Ainsi, par la puissance de Martin, le feu
n'agit que dans l'endroit où il le lui permit. Martin voulant encore renverser un temple païen que
la superstition avait rendu prodigieusement riche,
et qui était situé dans un bourg nommé Lepro-

sum (1), un grand nombre de païens s'opposèrent
à son dessein, et le repoussèrent en l'accablant
d'injures. C'est pourquoi il se retira dans un endroit voisin, et là, pendant trois jours, revêtu
d'un cilice et couvert de cendres, jeûnant et priant,
il suppliait le Seigneur de détruire ce temple par
sa toute-puissance, puisque la main de l'homme
n'avait pu le renverser. Tout à coup deux anges,
armés de lances et de boucliers, comme les soldats
de la milice céleste, se présentèrent à lui, et lui
dirent qu'ils étaient envoyés par le Seigneur pour
mettre en fuite cette troupe de paysans, et le protéger, si on voulait lui résister pendant la destruction du temple; qu'il y retournât donc pour ac-
complir avec ardeur l'œuvre qu'il avait commen-
cée. Il revint donc au bourg, et à la vue de la foule
des païens, sans qu'aucun d'eux s'y opposât, il
détruisit le temple jusque dans ses fondements, et
réduisit en poudre tous les autels et les idoles. A
cette vue, les paysans, comprenant que c'était pour
favoriser le dessein de l'évêque que la puissance
divine les avait frappés d'effroi et de stupeur,
crurent presque tous en Jésus-Christ, et confes-
sèrent publiquement et à haute voix qu'il fallait
adorer le Dieu de Martin, et rejeter les idoles qui
ne pouvaient leur être d'aucun secours.

(1) Maintenant Loroux, dans le département de la Loire-
Inférieure; ou plutôt Levroux, dans le Berri.

XV. — Je vais raconter maintenant ce qu'il fit dans un bourg des Éduens (1). Pendant qu'il y renversait encore un temple de la même manière, une multitude de païens furieux se précipita sur lui, l'épée à la main. Martin, rejetant son manteau, présenta son cou nu à l'assassin. Le païen n'hésite pas; mais, au moment où il élève le bras, il tombe à la renverse, et, saisi d'une frayeur miraculeuse, il demande pardon. Voici encore un fait du même genre : Martin était occupé à renverser des idoles, un païen voulut lui donner un coup de couteau; au moment où il allait le frapper, le fer s'échappa de ses mains et disparut. La plupart du temps, lorsque les paysans s'opposaient à la destruction de leurs temples, il touchait tellement leurs cœurs en leur annonçant la parole de Dieu, qu'éclairés de la lumière de la vérité, ils les renversaient de leurs propres mains.

XVI. — Martin était si puissant pour la guérison des malades, que presque tous ceux qui venaient à lui étaient guéris. L'exemple suivant en est la preuve. Il se trouvait à Trèves une jeune fille atteinte d'une paralysie si complète, que tous ses membres, depuis longtemps, lui refusaient leur service; ils étaient déjà comme morts, et elle ne

(1) Le pays des Éduens répondait à une partie du Nivernais et de la Bourgogne; leur capitale était Autun.

tenait plus à la vie que par un souffle. Ses parents, accablés de tristesse, étaient là, n'attendant plus que sa mort, lorsqu'on apprit que Martin venait d'arriver dans la ville. Aussitôt que le père de la jeune fille en est instruit, il y court tout tremblant, et implore Martin pour sa fille mourante. Par hasard le saint évêque était déjà entré dans l'église; là, en présence du peuple et de beaucoup d'autres évêques, le vieillard, poussant des cris de douleur, embrasse ses genoux, et lui dit: « Ma fille se meurt d'une maladie terrible, et ce « qu'il y a de plus affreux, c'est que ses membres, « bien qu'ils vivent encore, sont comme morts et « privés de tout mouvement. Je vous supplie de « venir la bénir, car j'ai la ferme confiance que « vous lui rendrez la santé. » Martin, étonné de ces paroles qui le couvrent de confusion, s'excuse, en disant qu'il n'a pas ce pouvoir, que le vieillard se trompe, et qu'il n'est pas digne que le Seigneur se serve de lui pour faire un miracle. Le père, tout en larmes, insiste plus vivement encore, et le supplie de visiter sa fille mourante. Martin se rend enfin aux prières des évêques présents, et vient à la maison de la jeune fille. Une grande foule se tient à la porte, attendant ce que le serviteur de Dieu va faire. Et d'abord, ayant recours à ses armes ordinaires, il se prosterne à terre et prie; ensuite, regardant la malade, il demande de l'huile; après l'avoir bénite, il en verse une cer-

taine quantité dans la bouche de la jeune fille, et
la voix lui revient aussitôt; puis, peu à peu, par
le contact de la main de Martin, ses membres, les
uns après les autres, commencent à reprendre la
vie; enfin, ses forces reviennent, et elle peut se
tenir debout devant le peuple.

XVII. — A la même époque, Tétradius, personnage consulaire, avait un esclave possédé du
démon, et qui allait faire une fin déplorable. On
pria Martin de lui imposer les mains, et il se le fit
amener. Mais on ne put faire sortir le possédé
de la cellule, car il mordait cruellement ceux qui
s'en approchaient. Alors Tétradius, se jetant aux
pieds de Martin, le supplia de venir lui-même
dans la maison où se trouvait le démoniaque;
mais il refusa, disant qu'il ne pouvait entrer dans
la demeure d'un profane et d'un païen. Tétradius était encore plongé dans les erreurs du paganisme; mais il promit de se faire chrétien, si
son serviteur était délivré du démon. C'est pourquoi Martin imposa les mains à l'esclave, et en
chassa l'esprit immonde. A cette vue, Tétradius
crut en Jésus-Christ; il fut aussitôt fait catéchumène, baptisé peu de temps après, et depuis lors
il eut toujours un respect affectueux pour Martin,
l'auteur de son salut. Vers la même époque et
dans la même ville, Martin, étant entré dans la
maison d'un père de famille, s'arrêta sur le seuil,

disant qu'il voyait un affreux démon dans le vestibule. Au moment où Martin lui commandait de
sortir, il s'empara d'un esclave qui se trouvait
dans l'intérieur de la maison ; ce malheureux se
mit aussitôt à mordre et à déchirer tous ceux qui
se présentaient à lui. Toute la maison est dans le
trouble et l'effroi ; le peuple prend la fuite. Martin
s'avance vers le furieux, et lui commande d'abord
de s'arrêter ; mais il grinçait des dents, et, ouvrant
la bouche, menaçait de le mordre ; Martin y met
ses doigts : « Dévore-les, si tu en as le pouvoir, »
lui dit-il. Alors le possédé, comme si on lui eût
plongé un fer rouge dans la gorge, recula, pour
éviter de toucher les doigts du Saint. Enfin le
diable, forcé par les souffrances et les tourments
qu'il endurait de quitter le corps de l'esclave, et
ne pouvant sortir par sa bouche, s'échappa par les
voies inférieures, en laissant des traces dégoû-
tantes de son passage.

XVIII. — Cependant le bruit d'une attaque des
barbares ayant inquiété les habitants de la ville,
Martin se fit amener un démoniaque, et lui
commanda de dire si cette nouvelle était vraie.
Celui-ci avoua qu'ils étaient dix démons qui faisaient courir ce bruit parmi le peuple, afin, du
moins, que la crainte fît sortir Martin de la ville ;
les barbares n'avaient aucunement l'intention de
faire une irruption. L'esprit immonde, ayant fait

cet aveu au milieu de l'église, délivra la cité de
la crainte et du trouble qui l'agitaient. Un jour
qu'il entrait à Paris, comme il passait par une des
portes de cette cité, avec une grande foule de
peuple, il bénit et baisa un lépreux dont la figure
affreuse faisait horreur à tous; celui-ci fut aussitôt guéri et vint le lendemain à l'église, avec un
visage sain et vermeil, rendre grâces à Dieu pour
la santé qu'il avait recouvrée. Mais ce que nous ne
pouvons nous dispenser de dire, c'est que les fils
des vêtements ou du cilice de Martin opérèrent de
fréquentes guérisons; appliqués aux doigts ou au
cou des malades, ils les délivraient de leurs infir-
mités.

XIX. — Arborius, ancien préfet, homme plein
de foi et de piété, dont la fille était affectée d'une
fièvre quarte très-violente, lui mit sur la poitrine
une lettre de Martin, qui lui était tombée par
hasard entre les mains, et aussitôt la fièvre cessa.
Cette guérison toucha tellement Arborius, qu'il
consacra sur-le-champ sa fille à Dieu, et la voua à
une virginité perpétuelle. Il partit ensuite pour
aller trouver Martin, lui présenta sa fille qu'il
avait guérie, quoiqu'étant absent, comme une
preuve vivante de ce miracle, et ne souffrit pas
qu'un autre que Martin lui donnât le voile. Paulin, qui devait donner plus tard d'illustres exemples, fut attaqué d'un mal d'yeux qui le faisait

beaucoup souffrir; déjà la pupille de son œil se couvrait d'une taie très-épaisse. Martin lui toucha l'œil avec un pinceau; aussitôt la douleur cessa, et il fut guéri. Un jour, Martin tomba lui-même d'un étage supérieur, en roulant sur les marches raboteuses de l'escalier, et se fit plusieurs blessures. Étendu presque sans vie dans sa cellule, il éprouvait de cruelles souffrances, lorsque pendant la nuit un ange lui apparut, lava ses blessures et oignit ses membres contusionnés d'un onguent salutaire, si bien que le lendemain, rendu à la santé, il ne paraissait avoir éprouvé aucun accident. Mais comme il serait trop long de raconter en détail tous les miracles de Martin, je me contenterai de rappeler les plus remarquables, pour épargner l'ennui que je pourrais causer au lecteur, si j'en rapportais un trop grand nombre.

XX. — Après des faits si grands, si merveilleux, en voici quelques autres qui sembleraient peu importants, si l'on ne devait pas placer au premier rang, surtout à notre époque où tout est dépravé et corrompu, la fermeté d'un évêque refusant de s'humilier jusqu'à aduler le pouvoir impérial. Quelques évêques étaient venus de différentes contrées à la cour de l'empereur Maxime, homme fier, et que ses victoires dans les guerres civiles avaient encore enflé, et ils s'abaissaient jusqu'à placer leur caractère sacré sous le patronage de

VIE DE SAINT MARTIN. 43

l'empereur; Martin, seul, conservait la dignité de l'apôtre. En effet, obligé d'intercéder auprès de l'empereur pour quelques personnes, il commanda plutôt qu'il ne pria. Souvent invité par Maxime à s'asseoir à sa table, il refusa, disant qu'il ne pouvait manger avec un homme qui avait détrôné un empereur et en avait fait mourir un autre. Maxime lui assura que c'était contre son gré qu'il était monté sur le trône; qu'il y avait été forcé; qu'il n'avait employé les armes que pour soutenir la souveraineté que les soldats, sans doute par la volonté de Dieu, lui avaient imposée; que la victoire si étonnante qu'il avait remportée prouvait bien que Dieu combattait pour lui, et que tous ceux de ses ennemis qui étaient morts n'avaient péri que sur le champ de bataille. Martin se rendit à la fin soit aux raisons de l'empereur, soit à ses prières; et vint à ce repas à la grande joie du prince qui avait obtenu ce qu'il désirait si ardemment. Les convives, réunis comme pour un jour de fête, étaient des personnages grands et illustres; il y avait Évodius, en même temps préfet et consul, le plus juste des hommes, et deux comtes très-puissants, l'un frère et l'autre oncle de l'empereur. Le prêtre qui avait accompagné Martin était placé entre ces deux derniers; quant à celui-ci, il occupait un petit siége près de l'empereur. A peu près vers le milieu du repas, l'échanson, selon l'usage, présenta une coupe

à l'empereur, qui ordonna de la porter au saint
évêque; car il espérait et désirait vivement la
recevoir ensuite de sa main. Mais Martin, après
avoir bu, passa la coupe à son prêtre, ne trouvant
personne plus digne de boire le premier après lui,
et croyant manquer à son devoir en préférant
au prêtre soit l'empereur, soit le plus élevé en
dignité après lui. L'empereur et tous les assistants
admirèrent tellement cette action, que le mépris
qu'il avait montré pour eux fut précisément ce
qui leur plut davantage. Le bruit se répandit
dans tout le palais que Martin avait fait à la table
de l'empereur ce qu'aucun évêque n'aurait osé
faire à la table des juges les moins puissants. Il
prédit aussi à Maxime, longtemps avant l'événement, que s'il allait en Italie, comme il en avait
l'intention, pour combattre l'empereur Valentinien, il serait d'abord victorieux, mais qu'il péri-
rait peu de temps après. Nous avons vu que cette
prophétie se vérifia; car, dès que Maxime se présenta, Valentinien prit la fuite; mais un an après,
ayant réparé ses pertes, il tua Maxime, qu'il avait
fait prisonnier dans Aquilée.

XXI. — C'est un fait constant que Martin vit
souvent des anges s'entretenir ensemble devant
lui. Il voyait aussi le démon si clairement, qu'il le
distinguait toujours par quelque signe sensible,
soit qu'il voulût se renfermer dans sa propre subs-

tance, soit qu'il prît les formes diverses que revêt
l'esprit de malice. Aussi le diable, ne pouvant dissimuler sa présence ni le tromper, l'accablait-il
souvent d'outrages. Un jour, tenant une corne de
bœuf ensanglantée, il entra précipitamment dans
sa cellule avec de grands cris, lui montrant sa
main dégouttante de sang; et, faisant éclater la
joie que lui causait le crime qu'il venait de com-
mettre, il dit : « Martin, qu'est devenue ta puis-
« sance? je viens de tuer l'un des tiens. » Aussitôt
Martin, rassemblant les frères, leur raconte ce que
vient de lui apprendre le démon, et leur ordonne
d'aller examiner soigneusement dans chaque cellule quel est celui que ce malheur vient de frapper. Ils reviennent, et lui disent qu'aucun des
moines ne manque; mais qu'un paysan, qu'on a
loué pour transporter du bois sur un chariot, est
parti pour la forêt. Il ordonne donc à quelques
frères d'aller à sa rencontre. Étant partis, ils le
trouvent presque inanimé, non loin du monastère. Sur le point d'expirer, il leur découvre la
cause de sa mort et de ses blessures. « Pendant
« que, près de mes bœufs, je renouais le joug
« dont les liens s'étaient relâchés, l'un d'eux, dé-
« gageant sa tête, m'a donné un coup de corne
« dans l'aine. » Peu de temps après il expira; il
aura su sans doute par quel secret jugement le
Seigneur avait donné au démon une telle puissance. Ce qu'il y avait de merveilleux en Martin,

c'est qu'il prédit aux frères non-seulement l'événement que nous venons de rapporter, mais encore
beaucoup d'autres du même genre.

XXII.— Le démon, usant de mille artifices pour
tromper le saint homme; se présentait fréquem-
ment à lui sous les formes les plus variées, quel-
quefois sous celle de Jupiter, la plupart du temps
sous celle de Mercure, et même souvent de Vénus
ou de Minerve. Martin luttait intrépidement contre
lui, soutenu par le signe de la croix et la prière.
On entendait très-souvent dans sa cellule une
troupe de démons l'insulter grossièrement; mais,
sachant que tout cela n'était qu'illusion et mensonge, il ne s'en inquiétait nullement. Quelques-
uns des frères attestent qu'ils ont entendu le démon reprocher à Martin, d'une manière injurieuse,
d'avoir introduit dans le monastère des frères qui
avaient perdu la grâce du baptême en tombant
dans diverses erreurs, de les avoir reçus après leur
conversion; et en même temps le malin esprit
énumérait leurs crimes. Martin, lui résistant toujours, répondait que les anciennes fautes sont effa-
cées par une vie meilleure, et que, comptant sur
la miséricorde du Seigneur, l'Église doit absoudre
ceux qui renoncent à leurs péchés. Le démon osa
le contredire, prétendit que les pécheurs ne peuvent obtenir leur pardon, et que le Seigneur n'a
aucune indulgence pour ceux qui une fois sont

tombés. Alors Martin s'écria : « Si toi-même,
« misérable que tu es, tu cessais de tenter les
« hommes, et si tu faisais pénitence de tes crimes,
« même en ce moment que le jour du jugement
« est proche, me confiant dans le Seigneur Jésus,
« je te promettrais miséricorde. » Oh! quelle sainte
présomption de la miséricorde du Seigneur! Si ces
paroles de Martin ne peuvent faire autorité en cela,
elles montrent du moins la bonté de son cœur.
Puisque j'ai commencé à parler du diable et de
ses artifices, quoique je semble m'éloigner ici de
mon sujet, il ne sera cependant pas hors de propos de raconter le fait suivant, parce qu'il nous
aidera à mieux connaître la puissance de Martin,
et qu'il est bon de conserver la mémoire d'un fait
si digne d'admiration, qui nous fera tenir sur nos
gardes, si jamais quelque chose de pareil nous
arrivait.

XXIII. — Un jeune homme de qualité, nommé
Clair, avait été ordonné prêtre encore jeune (il
est heureux maintenant par la sainte mort qu'il
a faite). Ayant tout abandonné, il vint trouver
Martin, et brilla bientôt par sa foi et ses vertus.
Il s'était établi à peu de distance du monastère
épiscopal, et un grand nombre de frères demeuraient avec lui. Un jeune homme nommé Anatole, simulant une profonde humilité et une grande
pureté de mœurs sous les dehors de la vie monas-

tique, vint se joindre à eux, et vécut quelque
temps avec les frères, suivant en tout leur genre
de vie. Peu de temps après, il leur dit que des
anges conversaient souvent en sa présence. Comme
aucun des frères n'ajoutait foi à ses paroles, au
moyen de prestiges merveilleux il en détermina
un grand nombre à le suivre. A la fin, il en vint
jusqu'à prétendre que les anges allaient et venaient
de lui à Dieu, et il voulait qu'on le regardât comme
un prophète. Cependant il ne pouvait jamais convaincre Clair; aussi le menaçait-il de la colère de
Dieu et de châtiments immédiats, pour n'avoir pas
cru à la parole d'un saint; enfin il s'écria : « Cette
« nuit le Seigneur me donnera une robe blanche;
« revêtu de cette robe, je paraîtrai au milieu de
« vous, et ce vêtement descendu du ciel sera une
« preuve que je suis la vertu de Dieu. » Tous at-
tendaient l'événement avec une grande impatience. Vers minuit, la terre retentit comme d'un
piétinement; le monastère tout entier parut
ébranlé; on vit briller mille éclairs dans la cellule
d'Anatole; un bruit de pas et des voix nombreuses
s'y firent entendre. A cette agitation succéda un
grand silence. Alors Anatole appelle à lui l'un des
frères, nommé Sabatius, et lui montre la robe dont
il est revêtu. Surpris, celui-ci appelle les autres
frères, Clair accourt lui-même. On apporte de la
lumière, et tous examinent la robe avec soin; elle
était d'une grande délicatesse, d'une blancheur

merveilleuse, ornée de pourpre; on ne pouvait
cependant en découvrir la nature ni la matière,
et on eut beau la regarder et la toucher avec soin,
on ne put reconnaître qu'une chose : c'était une
robe. Clair avertit ses frères de prier le Seigneur
avec ardeur, pour qu'il leur montrât plus clairement ce que c'était; pendant le reste de la nuit,
ils chantèrent des hymnes et des psaumes. Au
point du jour, il prit Anatole par la main pour le
conduire à Martin, étant sûr que le diable ne
pourrait tromper le bienheureux. Alors ce misérable s'y refusa, s'écriant qu'il lui avait été dé-
fendu de paraître devant Martin; comme les frères
l'y entraînaient malgré lui, la robe disparut entre
leurs mains. Aussi qui pourrait douter que la puissance de Martin n'ait empêché le diable de dissimuler plus longtemps son artifice, au moment où
il allait paraître en sa présence?

XXIV. — On remarqua à cette époque, en Espagne, un jeune homme qui, après avoir acquis
quelque influence par un grand nombre de prestiges, en vint jusqu'à se faire passer pour le prophète Élie. Beaucoup de personnes ayant eu la
témérité de le croire, il alla jusqu'à se donner
pour le Christ, et il fit tant par ses artifices,
qu'un certain évêque, nommé Rufus, lui rendit
un culte, ce qui, dans la suite, le fit chasser de
son siége. La plupart des frères nous ont rapporté

3

aussi qu'il y avait alors en Orient un certain
homme qui prétendait être saint Jean. De l'exis-
tence de ces faux prophètes, nous conjecturons que
l'arrivée de l'Antechrist est proche, puisqu'il opère
déjà en eux son mystère d'iniquité. Je ne dois
point, ce me semble, passer sous silence tous les
artifices que le diable employa contre Martin à la
même époque. Un jour le démon se présente dans
sa cellule, pendant qu'il priait, précédé et envi-
ronné d'une lumière éclatante (afin de mieux le
tromper par cet éclat emprunté), portant un manteau royal, ceint d'une couronne d'or et de pierres
précieuses, avec des chaussures dorées, le visage
gai, la physionomie sereine, pour ne pas être
reconnu. A cette vue, Martin est d'abord stupé-
fait ; ils gardent tous deux le silence pendant
quelque temps ; enfin le diable prend la parole le
premier. « Reconnais donc, Martin, celui qui se
« présente à toi; je suis le Christ; devant descendre
« sur la terre, c'est à toi le premier que j'ai voulu
« me montrer. » Martin ne répond pas à ces paroles, et garde un profond silence. Alors le diable
ose renouveler son audacieux mensonge. « Martin,
« pourquoi hésites-tu à croire, puisque tu me vois?
« Je suis le Christ. » Mais à ce moment le Saint-
Esprit fit connaître à Martin que ce n'était pas
Dieu, mais le démon. « Jésus Notre-Seigneur, lui
« répondit-il, n'a point annoncé qu'il viendrait
« vêtu de pourpre et couronné d'un diadème ; je

« ne croirai à sa présence que lorsque je le verrai
« tel qu'il était lorsqu'il souffrit pour nous, por-
« tant les marques de son supplice. » A ces mots,
Satan disparut comme une fumée, laissant dans
la cellule une odeur infecte, signe indubitable de
sa présence. Pour que personne ne puisse révoquer
en doute le fait que je viens de raconter, j'ajou-
terai que c'est de la bouche de Martin lui-même
que je l'ai appris.

XXV. — Il y a quelque temps, ayant entendu
parler de la foi, de la vie et des vertus de Martin,
et désirant vivement le voir, je partis avec bonheur pour aller lui rendre visite; et comme je
désirais beaucoup écrire sa vie, je l'interrogeai
lui-même autant que je le pus faire; j'interrogeai
aussi ceux qui avaient vécu avec lui, ou qui étaient
bien informés. On ne pourrait croire avec quelle
humilité et quelle bonté il me reçut en cette circonstance, témoignant une grande joie dans le
Seigneur, de ce que j'avais fait assez de cas de lui
pour entreprendre ce voyage. Lorsqu'il daigna
m'admettre à sa table, moi, misérable que je
suis, j'ose à peine l'avouer, il me présenta lui-
même de l'eau pour me laver les mains, et le soir
il me lava les pieds; je n'eus pas le courage de
résister ou de m'y opposer; je fus tellement subju-
gué par son autorité, que je me serais fait un crime
de ne pas acquiescer à ses désirs. Il ne nous entre-

tint que des charmes trompeurs et des embarras
du siècle, auxquels il faut renoncer, pour suivre
le Seigneur Jésus avec liberté et dégagement. Il
nous proposait le plus remarquable exemple de
notre temps, celui de l'illustre Paulin, dont nous
avons parlé plus haut. Ayant abandonné d'im-
menses richesses pour suivre Jésus-Christ, il est
presque le seul à notre époque qui ait observé
dans toute leur perfection les préceptes évangé-
liques. « Voilà l'exemple qu'il faut suivre, s'é-
« criait-il; heureux notre siècle d'avoir reçu ce
« grand enseignement de foi et de vertu, c'est-à-
« dire d'avoir vu un homme possédant de grands
« biens, les vendre tous pour les donner aux
« pauvres, selon le conseil du Seigneur, et rendre
« ainsi possible par son exemple ce que le monde
« croyait impossible. » Quelle gravité et quelle
dignité dans ses paroles et dans ses conversations !
quelle pénétration d'esprit ! comme ses discours
étaient persuasifs ! avec quelle promptitude et
quelle facilité il comprenait et rendait intelligibles
les passages obscurs des saintes Écritures ! Je sais
que bien des personnes se sont refusées à croire
sur ma parole ces derniers détails; mais j'en prends
à témoin Jésus-Christ et le ciel, notre commune
espérance, que je n'ai jamais vu tant de science
et tant d'intelligence, un langage plus éloquent
et plus pur. Quoique pour un saint comme Martin
de pareils éloges aient bien peu de valeur, n'est-il

pas étonnant qu'un homme sans lettres ait possédé même ces qualités ?

XXVI. — Mais il est temps de terminer ce livre, non qu'il n'y ait plus rien à dire de Martin, mais parce que, semblable à ces poëtes peu féconds, qui se relâchent à la fin d'un long poëme, nous succombons sous le poids de notre intarissable sujet. Car s'il a été possible, jusqu'à un certain point, de raconter les actions de notre bienheureux, jamais, je le déclare en toute vérité, jamais on ne pourra décrire sa vie intérieure, sa manière d'employer chaque journée, son cœur incessamment appliqué à Dieu, la continuité de ses abstinences et de ses jeûnes, et le sage tempérament qu'il savait y apporter, la puissante efficacité de ses prières et de ses oraisons, les nuits qu'il employait comme les journées ; tout son temps, en un mot, dont pas un instant n'était donné au repos ni aux affaires de ce monde, était entièrement consacré à l'œuvre de Dieu, même pendant son repos et son sommeil, auxquels il n'accordait que ce que la nature exigeait absolument. Non, il faut l'avouer, si Homère lui-même revenait de l'autre monde, le génie de ce grand poëte serait incapable de raconter toutes ces merveilles : tout est si grand dans Martin, que la parole est impuissante à l'exprimer. Jamais il ne laissait passer une heure, un seul moment sans vaquer à la prière ou à la lecture, et même, pendant qu'il lisait ou qu'il se livrait à toute autre occupation, son cœur priait toujours. Comme les forgerons qui frappent sur l'enclume pour se soulager pendant leur travail, Martin priait sans cesse, quoiqu'il parût occupé d'autre chose. Heureux Martin! il ne se trouvait en lui aucune malice, il ne jugeait ni ne condamnait personne, et ne rendait jamais le mal pour le mal. Il supportait les injures avec tant de patience, que, bien qu'il fût évêque, les moindres clercs l'outrageaient impunément, et sans qu'il les privât pour cela de leur emploi, ou les chassât de son cœur.

XXVII. — Jamais on ne le vit irrité ou ému, jamais dans la tristesse ou la gaieté; il était toujours lui-même; une joie toute céleste était en quelque sorte empreinte sur son visage, et il semblait élevé au-dessus de la nature. Il avait toujours le nom du Christ sur les lèvres; dans son cœur, la piété, la paix et la miséricorde. Il pleurait souvent sur les fautes de ses détracteurs, qui allaient le chercher jusqu'au fond de sa retraite, au milieu du calme qu'il y goûtait, pour l'attaquer avec leurs langues de vipères; nous en avons été nous-même le témoin. Jaloux de ses vertus et de sa sainte vie, ils détestaient en lui ce qu'ils ne trouvaient point en eux-mêmes et qu'ils n'avaient pas le courage d'imiter; il est inutile de

les nommer, quoique la plupart d'entre eux hurlent
autour de nous. Si l'un d'eux vient à lire ces
lignes, il suffit qu'il reconnaisse sa faute et en
rougisse ; car s'il s'en irrite, c'est qu'il s'applique
à lui-même ce que nous avons peut-être pensé
d'un autre ; du reste, je ne refuse point de partager avec Martin la haine qu'ils lui portent.
J'ose espérer que ce petit ouvrage plaira à tous
les hommes religieux. Si quelqu'un ne veut pas
ajouter foi à mes paroles, la faute retombera sur
lui. La certitude des faits que j'ai racontés, et
l'amour de Jésus-Christ, m'ont seuls porté à
écrire ce livre, j'en ai la conscience ; car je n'ai
avancé que des choses vraies et incontestables, et
Dieu, je l'espère, prépare une récompense, non
pour celui qui lira, mais pour celui qui croira.

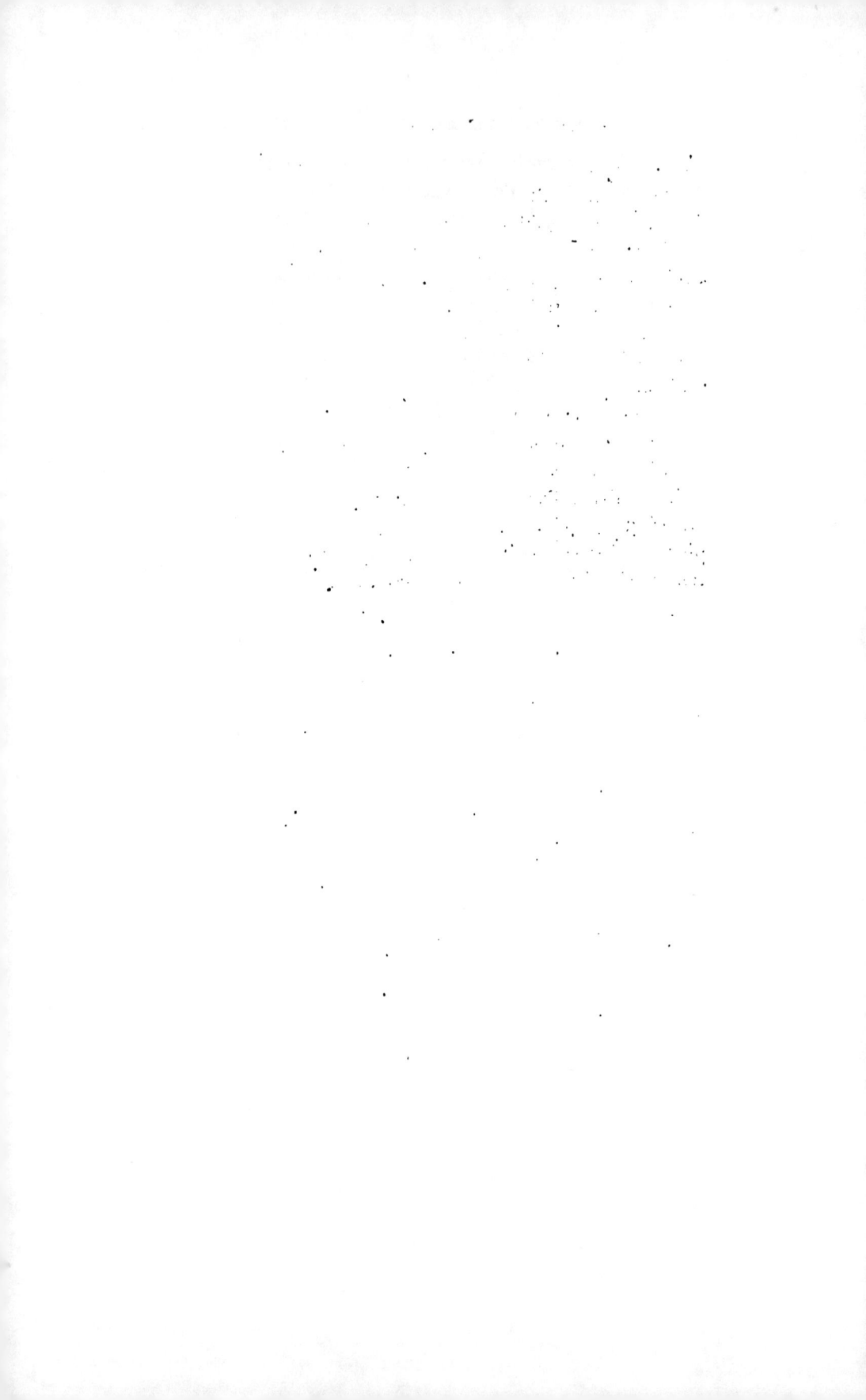

LETTRES

DE

SULPICE SÉVÈRE

—◦◦◦—

I

AU PRÊTRE EUSÈBE

CONTRE CEUX QUI SONT JALOUX DES VERTUS
DE SAINT MARTIN.

————

Hier, beaucoup de moines vinrent me trouver,
et, au milieu de nos récits et de nos longs entre-
tiens, on parla de mon petit livre sur la vie de
saint Martin; j'appris avec plaisir que beaucoup
le lisaient avec empressement. On m'annonça
aussi qu'une personne, inspirée par le malin esprit, avait demandé pourquoi Martin, qui avait
ressuscité des morts et arrêté des incendies, s'é-

3*

tait trouvé exposé lui-même à périr tristement
dans les flammes. O le misérable ! (quel qu'il
soit), dans ses paroles je reconnais la perfidie
des Juifs, qui, faisant des reproches au Seigneur
sur la croix, disaient : « Il a sauvé les autres,
et il ne peut se sauver lui-même. » Vraiment,
si ce malheureux eût vécu à cette époque-là,
il eût adressé les mêmes outrages au Seigneur,
puisqu'il profère de semblables blasphèmes contre
l'un de ses saints. Quoi ! Martin ne serait pas
puissant, Martin ne serait pas saint, parce qu'il a
manqué de périr dans un incendie ! O bienheureux Martin ! semblable en tout aux apôtres,
même dans les injures qu'il reçoit. En effet, les
Gentils voyant Paul mordu par une vipère dirent
aussi de lui : « Cet homme doit être un homicide;
il a échappé aux périls de la mer, les destins ne
lui permettent pas de vivre. » Mais Paul, secouant
la vipère dans le feu, n'en ressent aucun mal. Ces
païens croyaient qu'il allait périr sur-le-champ;
mais voyant qu'il n'en était rien, ils changèrent
de sentiments et le prirent pour un dieu. O le
plus misérable des mortels, ces exemples n'au-
raient-ils pas dû confondre ta perfidie ! et si tu
avais été d'abord scandalisé en voyant Martin recevoir les atteintes du feu, tu aurais dû ensuite
attribuer à ses mérites et à la puissance de sa foi
qu'il ait conservé la vie au milieu des flammes !
Reconnais ton ignorance, malheureux ; apprends

que c'est dans les dangers que la vertu des saints
brille avec le plus d'éclat. Je vois Pierre, avec sa
foi puissante, marcher sur la mer, malgré la loi de
la nature, et se tenir ferme sur les flots mobiles.
Mais cet Apôtre des nations, qui fut englouti dans
les eaux, d'où il sortit sain et sauf après trois jours
et trois nuits, ne me semble pas moins grand; et
je ne sais s'il est plus remarquable d'avoir vécu au
fond de la mer, ou d'avoir marché à sa surface.
Mais, insensé, tu n'avais donc ni lu ni entendu
lire ces faits? car ce n'est pas sans l'inspiration
divine que l'évangéliste a rapporté cet exemple
dans les saintes Écritures; c'était pour apprendre
aux hommes que les naufrages, les morsures de
serpents (comme le dit l'Apôtre, qui se glorifie
d'avoir souffert la nudité, la faim et les dangers de
la part des voleurs), qu'en un mot, tous ces acci-
dents sont communs aux saints, aussi bien qu'aux
autres hommes; mais c'est en les supportant et en
en triomphant que la vertu des justes a brillé du
plus vif éclat. Car, patients dans les épreuves et
toujours invincibles, la victoire qu'ils ont remportée a été d'autant plus éclatante, que leurs
souffrances ont été plus violentes. Aussi le fait
que l'on cite pour amoindrir la vertu de Martin
le couvre-t-il d'honneur et de gloire, puisqu'il
est sorti vainqueur d'un accident rempli de péril.
D'ailleurs on ne doit pas s'étonner si j'ai omis ce
fait dans la vie que j'ai écrite, puisque dans ce

livre même j'ai déclaré que je ne raconterais pas
toutes ses actions. En effet, si j'eusse entrepris de
le faire, j'aurais rempli un immense volume; ses
actions ne sont pas si peu importantes qu'on puisse
facilement les raconter toutes. Je ne passerai pourtant pas sous silence le fait dont il est question
ici, et je le raconterai dans tous ses détails, tel
qu'il s'est passé, afin de ne pas paraître omettre
à dessein ce qui peut fournir des objections contre
la vertu de notre bienheureux. Un jour d'hiver,
Martin visitant une paroisse (suivant l'habitude
des évêques), les clercs lui préparèrent un loge-
ment dans la sacristie, allumèrent un grand feu
dans une sorte de fourneau très-mince et construit
en pierres brutes, puis lui dressèrent un lit, en
entassant une grande quantité de paille. Martin
s'étant couché eut horreur de la délicatesse de ce
lit, à laquelle il n'était pas habitué, car il avait coutume de coucher sur un cilice, étendu sur la terre
nue. Mécontent de ce qu'il regardait comme une
injure, il repoussa la paille, qui s'accumula par
hasard sur le fourneau; puis, fatigué du voyage,
il s'endormit, étendu par terre, suivant son usage.
Vers le milieu de la nuit, le feu, étant très-ardent,
se communiqua à la paille à travers les fentes du
fourneau. Martin, réveillé en sursaut, surpris par
ce danger subit et imminent, et surtout, comme
il le raconta lui-même, par l'instigation du démon, eut recours trop tard à la prière; car, voulant

se précipiter au dehors, et ayant fait de longs
efforts pour enlever la barre qui fermait la porte,
un feu si violent l'environna, que le vêtement
qu'il portait fut consumé. Enfin, rentrant en lui-
même, et comprenant que ce n'était pas dans la
fuite mais dans le Seigneur qu'il trouverait du
secours, il s'arma du bouclier de la foi et de la
prière, et, se remettant tout entier entre les mains
de Dieu, il se précipita au milieu des flammes.
Alors le feu s'étant éloigné miraculeusement de
Martin, celui-ci se mit en prière au milieu d'un
cercle de flammes dont il ne ressentait nullement
les atteintes. Les moines qui étaient au dehors,
entendant le bruit et les pétillements de la flamme,
enfoncent les portes, écartent les flammes, et en
retirent Martin, qu'ils croyaient déjà entièrement
consumé. Du reste, Dieu m'en est témoin, Martin
lui-même me racontait et avouait en gémissant,
que c'était par un artifice diabolique, qu'à l'instant de son réveil il n'avait pas eu la pensée de
repousser le danger par la foi et la prière; qu'enfin il avait senti l'ardeur des flammes jusqu'au
moment où, rempli de frayeur, il s'était précipité
vers la porte; mais qu'aussitôt qu'il avait eu recours au signe de la croix et aux armes puissantes
de la prière, les flammes s'étaient retirées, et
qu'après lui avoir fait sentir leurs cruelles atteintes, elles s'étaient ensuite transformées en
une douce rosée. Que celui qui lira ces lignes

comprenne que si ce danger a été pour Martin
une tentation, il a été aussi une épreuve de
Dieu.

II

AU DIACRE AURÉLIUS

DE LA MORT ET DE L'APPARITION DU BIENHEUREUX MARTIN

Sulpice Sévère, au diacre Aurélius, salut. — Ce matin, après votre départ, j'étais seul dans ma cellule, méditant, à mon ordinaire, sur les espérances de la vie future, le dégoût des choses de ce monde, la crainte du jugement et des peines, et ces pensées avaient naturellement fait naître en moi le souvenir de mes fautes, ce qui me remplissait de tristesse et d'accablement. Ensuite, le cœur fatigué de ces angoisses, je me jetai sur mon lit, et bientôt le sommeil s'empara de moi,

effet ordinaire de la tristesse (c'était ce demi-
sommeil du matin, si inquiet et si léger, qu'on
veille presque en se sentant dormir, ce qu'on n'é-
prouve pas dans le sommeil ordinaire), lorsque
tout à coup il me sembla voir le saint évêque
Martin, revêtu d'une robe blanche, le visage enflammé, les yeux et les cheveux resplendissants
de lumière. Il me semblait retrouver en lui les
mêmes formes, les mêmes traits qu'il avait autrefois, et, chose inexprimable! je ne pouvais fixer
mes yeux sur lui, et cependant je le reconnais-
sais. Il me regardait en souriant, et tenait à la
main le livre que j'ai écrit sur sa vie; quant à
moi, j'embrassais ses genoux sacrés, et, selon ma
coutume, je lui demandais sa bénédiction. Je sen-
tais sur ma tête le doux contact de sa main, tandis que, dans la formule ordinaire de la bénédiction, il répétait souvent le nom de la croix, qui lui
était si familier. Bientôt, comme je le considérais
attentivement, sans pouvoir me rassasier de sa
vue, il s'éleva subitement, et je le suivis des yeux,
traversant sur une nuée l'immensité des airs,
jusqu'à ce qu'il disparût dans le ciel entr'ouvert.
Peu de temps après, je vis le saint prêtre Clair,
son disciple, mort peu auparavant, suivre le même
chemin que son maître. Dans ma téméraire au-
dace, je voulus les suivre; mais les efforts que je
fis pour m'élever en l'air me réveillèrent. Je me
réjouissais de cette vision, lorsqu'un de mes plus

intimes serviteurs entra avec un visage plus
triste qu'à l'ordinaire, et qui laissait voir toute la
douleur qui l'accablait : « Qu'as-tu? lui dis-je;
d'où vient cette tristesse? — Deux moines arri-
vent de Tours, dit-il; ils annoncent la mort du
seigneur Martin. » Je l'avoue, cette nouvelle me
consterna, et un torrent de larmes s'échappa de
mes yeux. Elles coulent encore, cher frère, au
moment où je vous écris ces lignes; rien ne peut
consoler mon amère douleur. Lorsque cette nouvelle me fut annoncée, je voulus vous faire partager mon affliction, vous qui partagiez aussi mon
amour pour Martin.

III

A BASSULA, SA BELLE-MÈRE

COMMENT LE BIENHEUREUX MARTIN QUITTA CETTE VIE POUR L'ÉTERNITÉ.

————

.... Martin connut l'heure de sa mort longtemps
d'avance, et annonça à ses frères que la disso-
lution de son corps était proche. Il eut à cette
époque un motif pour aller visiter la paroisse de
Cande (1); car, désirant rétablir la concorde parmi
les clercs de cette église qui étaient divisés, quoi-

(1) Cande, ville du département d'Indre-et-Loire, située
au confluent de la Vienne et de la Loire.

qu'il sût que sa fin approchait, il ne balança pas
à entreprendre ce voyage. Il pensait qu'il couron-
nerait dignement ses travaux s'il rétablissait la
paix dans cette église avant de mourir. Étant
donc parti, accompagné, suivant son usage, d'une
troupe nombreuse de pieux disciples, il vit sur le
fleuve des plongeons poursuivre des poissons, et
exciter sans cesse leur gloutonnerie par de nouvelles captures : « Voici, dit - il, une image des
démons, qui dressent des embûches aux impru-
dents, les surprennent et les dévorent, sans pouvoir se rassasier. » Alors Martin, avec toute la puissance de sa parole, commanda aux oiseaux de s'é-
loigner du fleuve et de se retirer dans des régions
arides et désertes, employant contre eux le même
pouvoir dont il usait souvent contre les démons.
A l'instant tous ces oiseaux se rassemblent, et,
quittant le fleuve, se dirigent vers les montagnes
et les forêts, à la grande admiration de tous les
spectateurs, qui voyaient Martin exercer son pouvoir, même sur les oiseaux. Étant arrivé à l'église
de Cande, il y demeura quelque temps, et, après
avoir rétabli la concorde parmi les clercs, il songeait déjà à retourner dans sa solitude, lorsque
ses forces l'abandonnèrent ; il réunit alors ses disciples et leur annonça que sa mort était proche.
Une profonde douleur s'empare aussitôt de tous les
cœurs ; tous s'écrient en gémissant : « O tendre
père ! pourquoi nous abandonner et nous laisser

dans la désolation? des loups avides de carnage se jetteront sur votre troupeau; si le pasteur est frappé, qui pourra le défendre? Nous savons bien que vous souhaitez ardemment de posséder Jésus-Christ; mais votre récompense est assurée, et elle ne sera pas moins grande pour être retardée; ayez pitié de nous que vous allez laisser seuls. » Martin, touché de leurs larmes, et brûlant de cette tendre charité qu'il puisait dans les entrailles de son divin Maître, se mit aussi à pleurer. Puis, s'adressant au Seigneur : « Seigneur, s'écria-t-il, si je suis encore nécessaire à votre peuple, je ne refuse pas le travail : que votre volonté soit faite. » Hésitant entre l'espérance du ciel et l'amour de ses frères, il ne savait ce qu'il devait préférer; car, s'il désirait ne pas abandonner ses chers disciples, il ne voulait pourtant pas vivre plus longtemps séparé de Jésus-Christ; sacrifiant néanmoins sa propre volonté et ses plus ardents désirs, il s'abandonnait tout entier entre les mains de Dieu. Ne semblait-il pas lui dire : Seigneur, j'ai livré de rudes combats sur la terre : n'est-il donc pas temps que je jouisse du repos? Si pourtant vous me commandez de combattre encore devant le camp d'Israël pour la défense de votre peuple, je ne vous refuserai pas; non, mon grand âge ne m'arrêtera pas, je remplirai mon devoir avec zèle; je combattrai sous vos drapeaux aussi longtemps que vous me l'ordonnerez. Le vétéran qui a blanchi sous les armes

soupire pourtant avec impatience après ce congé
qui doit être la récompense de ses longs travaux.
N'importe, mon courage me fera triompher du
poids des années. Et pourtant, Seigneur, quel bonheur pour moi, si vous daigniez avoir compassion
de ma vieillesse ! Mais que votre volonté s'accom-
plisse. Si je vais à vous, ne prendrez-vous pas
soin vous-même de ces chers enfants, pour qui je
redoute tant de dangers? O homme admirable,
que ni le travail ni la mort même ne peuvent
vaincre ! qui demeure indifférent, qui ne craint
ni la mort ni la vie! Ainsi, malgré l'ardeur de la
fièvre qui le consumait depuis plusieurs jours, il
poursuivait l'œuvre de Dieu avec un zèle infati-
gable. Il veillait toutes les nuits, et les passait en
prière. Étendu sur sa noble couche, la cendre et
le cilice, il se faisait obéir de ses membres épuisés
par l'âge et la maladie. Ses disciples l'ayant prié
de souffrir qu'on mît un peu de paille sur sa couche : « Non, mes enfants, répondit-il, il ne con-
vient pas qu'un chrétien meure autrement que
sur la cendre et le cilice; je serais moi-même
coupable de vous laisser un autre exemple. » Il
tenait ses regards et ses mains continuellement
élevés vers le ciel, et ne se lassait point de prier.
Un grand nombre de prêtres qui s'étaient réunis
près de lui, le priaient de leur permettre de le
soulager un peu en le changeant de position :
« Laissez-moi, mes frères, répondit-il; laissez-

moi regarder le ciel plutôt que la terre, afin que
mon âme prenne plus facilement son essor vers
Dieu. » A peine eut-il achevé ces mots, qu'il aperçut le démon à ses côtés. « Que fais-tu ici, bête
cruelle? tu ne trouveras rien en moi qui t'appar-
tienne : je serai reçu dans le sein d'Abraham. »
Après ces paroles, il expira. Des témoins de sa
mort nous ont attesté qu'en ce moment son visage
parut celui d'un ange, et que ses membres devin-
rent blancs comme la neige. Aussi s'écrièrent-ils:
« Pourrait-on jamais croire qu'il soit revêtu d'un
cilice et couvert de cendres? » Car, dans l'état où
ils virent alors son corps, il semblait qu'il jouit
déjà de la transformation glorieuse des corps res-
suscités.

Il est impossible de s'imaginer l'innombrable
multitude de ceux qui vinrent lui rendre les
derniers devoirs. Presque toute la ville de Tours
accourut au-devant du saint corps; tous les habitants des campagnes et des bourgs voisins, et
même un grand nombre de personnes des autres
villes s'y trouvèrent. Oh! quelle affliction dans
tous les cœurs! Quels douloureux gémissements
faisaient entendre surtout les moines! On dit qu'il
en vint environ deux mille : c'était la gloire de
Martin, les fruits vivants et innombrables de ses
saints exemples. Ainsi le pasteur conduisait-il ses
ouailles devant lui, de saintes multitudes pâles de
douleur, des troupes nombreuses de moines revê-

tus de manteaux, des vieillards épuisés par de
longs travaux, de jeunes novices de la solitude et
du sanctuaire. Apparaissait ensuite le chœur des
vierges, que la retenue empêchait de pleurer, et
qui dissimulaient par une joie toute sainte la profonde affliction de leurs cœurs : et si la confiance
qu'elles avaient dans la sainteté de Martin ne leur
permettait pas de paraître tristes, l'amour qu'elles
lui portaient leur arrachait cependant quelques
gémissements. Car la gloire dont Martin jouissait
déjà causait autant de joie, que sa mort qui le ra-
vissait à ses enfants leur causait de douleur. Il fallait pardonner les larmes des uns et partager l'al-
légresse des autres ; car chacun, en pleurant pour
soi-même, devait en même temps se réjouir pour
lui.

Cette foule immense accompagna donc le corps
du bienheureux jusqu'au lieu de sa sépulture
en chantant de saints cantiques. Qu'on se représente, si l'on veut, une pompe de la terre ; je ne
dirai pas une cérémonie funèbre, mais la pompe
fastueuse d'un triomphe. Où trouverez-vous rien
de comparable aux funérailles de Martin ? Que des
héros vainqueurs s'avancent montés sur des chars
de triomphe, précédés d'hommes enchaînés et
suivis de leurs prisonniers : le corps de Martin est
suivi de tous ceux qui, sous sa conduite, ont
vaincu le monde. Pour les premiers, les peuples
en démence font entendre des applaudissements

et des cris confus : en l'honneur de Martin, les
airs retentissent du chant des psaumes et des cantiques sacrés. Ceux-là, après leurs triomphes, sont
précipités dans les gouffres de l'enfer; Martin,
rayonnant d'une joie céleste, est reçu dans le sein
d'Abraham. Martin, si pauvre en ce monde, menant une vie si simple, entre riche dans le ciel,
d'où, je l'espère, il veille sur nous, sur moi qui
écris ces lignes, sur vous qui les lisez.

DIALOGUES

DE

SULPICE SÉVÈRE

DIALOGUE PREMIER

Postumien, ami de Sulpice Sévère, revient d'Orient, où il a passé trois années. Il fait un long récit des merveilles qu'il a admirées et surtout des vertus des moines de la Thébaïde. Le traducteur a retranché ces détails; il reprend à l'endroit où Postumien établit un parallèle entre les miracles des moines d'Orient et ceux de saint Martin.

XXIII. — . . . . . . « Comment, dis-je, tu ne possèdes donc pas le livre que j'ai écrit sur la vie et les miracles de saint Martin? — Je l'ai, en effet, répondit Postumianus; jamais il ne m'a quitté (il me fit voir le livre caché sous ses vêtements); si tu le reconnais, le voici: Ce volume m'a accompagné sur terre et sur mer, il a été

mon compagnon et mon consolateur pendant tous
mes voyages. Je te dirai toutes les contrées où ce
livre a pénétré ; car il n'y a pas un endroit dans
l'univers où le récit d'une si admirable histoire ne
soit connu. Paulin, qui t'est si attaché, est le premier qui l'ait porté à Rome : comme toute la ville
se le disputait, j'ai entendu les libraires enchantés
déclarer que rien n'était plus lucratif, rien ne se
vendait plus facilement et plus cher que ce livre. Il
a beaucoup devancé mon voyage par mer ; lorsque
j'arrivai en Afrique, on le lisait déjà dans toute la
ville de Carthage. Seul, le prêtre de Cyrène ne
l'avait pas, je le lui donnai pour le copier. Que te
dirais-je donc d'Alexandrie, où on le connaît peut-
être mieux que tu ne le connais toi-même ? Il a
pénétré en Égypte, en Nitrie, en Thébaïde, et
dans tout le royaume de Memphis. J'ai vu un vieillard le lire dans le désert. Lorsqu'il apprit que
j'étais ton ami, il me chargea, ainsi que beaucoup
d'autres moines, si jamais je te retrouvais sain et
sauf en ce pays, de t'exhorter à compléter ce que
tu reconnais avoir omis dans ton livre sur les vertus de saint Martin. Enfin, je joins mes prières à
celles de beaucoup d'autres pour te supplier de
nous raconter, non ce que tu as écrit, mais ce que
tu as autrefois passé sous silence, pour éviter, je
crois, de fatiguer les lecteurs. »

XXIV. — « En vérité, dis-je à Postumianus,

pendant que j'écoutais depuis longtemps avec at-
tention le récit des miracles des saints moines
d'Orient, je songeais silencieusement à Martin,
et je voyais avec raison que tout ce que chacun
de ces moines a fait en particulier a été accompli
par Martin. Car, quoique leurs miracles soient fort
remarquables (qu'il me soit permis de le dire sans
les offenser), il n'en est pas un qui ne soit inférieur
aux siens. Mais, si je déclare que la vertu de
Martin ne peut être comparée à celle des autres
hommes, il faut aussi remarquer que l'on ne peut
établir de juste comparaison entre Martin et les
ermites et les anachorètes. Ceux-ci sans entraves
opèrent de très-grands miracles, et n'ont que le
Ciel et les anges pour témoins : Martin, au con-
traire, vivant au milieu du monde, avec lequel il
est toujours en rapport, parmi des clercs en dis-
corde et des évêques sévères, affligé souvent par des
scandales presque quotidiens, reste inébranlable
par sa vertu, et opère de plus grands miracles que
n'en firent dans le désert les moines dont tu nous
parles. Quand ils en auraient fait de semblables,
quel juge serait assez injuste pour ne pas reconnaître que Martin l'emporte sur eux? Songe donc
que Martin était un soldat combattant dans un
poste désavantageux, et qui cependant a remporté
la victoire : je compare également les autres à des
soldats, mais à des soldats qui combattent dans
un endroit favorable et avantageux. Et d'ailleurs,

quoique tous aient été vainqueurs, la gloire des
combattants ne saurait être égale; puis, en nous
racontant ces merveilles, tu ne nous as pas dit
qu'aucun de ces moines ait ressuscité un mort, et
cela seul te force à avouer que Martin ne peut être
comparé à personne. »

XXV. — « S'il est merveilleux que le feu ait
respecté l'Égyptien, Martin aussi commanda souvent aux flammes. Si les anachorètes ont dompté
la férocité des animaux, Martin souvent encore
contint la rage des bêtes féroces, et arrêta le venin
des serpents. Si tu veux comparer à Martin celui
qui, par la puissance de sa parole ou la vertu des
fils de ses vêtements, guérissait ceux qui étaient
possédés de l'esprit immonde, notre Saint n'a encore rien à lui envier en cela, et nous en avons
beaucoup d'exemples. Si tu cites celui qui, n'ayant
qu'un vêtement de poils, était, dit-on, visité par
les anges, Martin conversait tous les jours avec
eux. Son âme était tellement supérieure à la vanité et à l'orgueil, que personne ne détesta ces
vices plus que lui, bien que, même absent, il
ait délivré les possédés du démon, et commandé
non-seulement aux comtes et aux préfets, mais
aux empereurs eux-mêmes. Il est vrai que ce sont
là les moindres de ses mérites, mais je veux te
persuader que personne ne résista plus courageu-
sement que lui non-seulement à la vanité, mais

aux causes et aux occasions de la vanité. Je vais
maintenant raconter des choses peu importantes,
mais que je ne puis passer sous silence ; car nous
devons louer celui qui, revêtu d'une grande autorité, montra tant de respect envers le saint homme.
Je me souviens que le préfet Vincent, homme émi-
nent et le plus vertueux des Gaules, demanda souvent à Martin, lorsqu'il passait en Touraine, de le
recevoir à la table du monastère (et il citait à cette
occasion l'exemple du saint évêque Ambroise, qui,
dit-on, recevait de temps en temps à cette époque
les consuls et les préfets). Mais Martin refusa toujours, craignant, dans sa haute sagesse, qu'il n'en
tirât de la vanité ou de l'orgueil. Il faut donc que
tu avoues, Postumianus, que l'on trouve en Martin tous les mérites de ces moines, qui, tous réunis,
n'en ont pas autant que lui. »

XXVI. — « Pourquoi en agir ainsi avec moi ?
dit Postumianus, ne suis-je donc pas de ton avis,
et n'en ai-je pas été toujours ? Tant que je vivrai
et que j'aurai ma raison, je vanterai les moines
d'Égypte, je louerai les anachorètes, et j'admirerai
les ermites ; toujours je ferai une exception pour
Martin, jamais je n'oserai lui comparer les moines
ou d'autres évêques. C'est ce qu'avoue l'Égypte ;
ce que croient la Syrie, l'Éthiopie, les Indes, la
Parthie, la Perse ; ce que n'ignorent pas l'Arménie,
le Bosphore, les Îles Fortunées, si elles sont habi-

tées, et l'Océan glacial, s'il est sillonné par les vaisseaux. Que notre pays, si proche de ce grand homme, est malheureux de n'avoir pas été digne de le connaître ! Ce n'est pas sur le peuple que retombe cette faute, mais sur les prêtres, sur les évêques. Les envieux avaient bien leurs raisons pour refuser de le connaître ; car admettre ses vertus, c'était avouer leurs vices. C'est avec horreur que je répète ce que j'ai récemment entendu : un malheureux (je ne sais qui c'est) a dit que ton livre était plein de faussetés. Ce propos n'est pas d'un homme, mais du diable ; et ce n'est pas Martin qu'il contredit en cela, c'est l'Évangile qu'il dément. Car le Seigneur lui-même n'a-t-il pas attesté que tous les fidèles pouvaient opérer les mêmes miracles que Martin ? Or celui qui ne croit pas aux miracles de Martin ne croit pas aux paroles du Christ. Mais ces malheureux, ces misérables, ces lâches, rougissant de ce qu'ils ne sont pas aussi puissants que Martin, aiment mieux nier ses mérites que confesser leur impuissance. Passons à d'autres choses, et oublions-les ; racontenous plutôt les autres miracles de Martin, il y a longtemps que je désire les connaître. — Quant à moi, dis-je, il me semble qu'il serait plus juste de demander cela à Gallus, il en sait plus que nous (un disciple peut-il ignorer les actions de son maître ?), et il doit d'abord à Martin, puis à nous, de traiter ce sujet à son tour ; car, pour moi, j'ai

écrit un livre, et toi, Postumianus, tu nous as
jusqu'à présent entretenu des miracles des moines
d'Orient. Gallus nous doit donc ce récit, et,
comme je viens de le dire, c'est à son tour de
parler, et, pour l'amour de Martin, il le fera, je
crois, avec plaisir.

— Certainement, répondit Gallus, quoique je
sois bien faible pour un si grand fardeau; cependant, excité par les exemples d'obéissance que
vient de rapporter Postumianus, je ne refuserai
point la charge que vous m'imposez. Mais, lorsque
je pense que moi, Gaulois, je vais parler devant
des Aquitains, je crains d'offenser vos oreilles dé-
licates par mon langage peu soigné. Écoutez-moi
donc comme un homme grossier, simple et sans
fard dans son langage. Car si vous m'accordez
d'être disciple de Martin, permettez-moi, à son
exemple, de mépriser un style vainement orné et
fleuri.

— Parlez celtique ou gaulois si vous l'aimez
mieux, dit Postumianus, mais du moins entre-
tenez-nous de Martin; quant à moi, je prétends
que, même si vous étiez muet, pour nous parler
de Martin d'éloquentes paroles ne vous feraient
pas défaut : la langue de Zacharie ne s'est-elle
pas déliée pour prononcer le nom de Jean? D'ailleurs vous êtes un homme lettré, vous usez d'artifice, et vous vous excusez sur votre inhabileté
parce que vous êtes plein d'eloquence : un moine

4*

ne peut être si adroit, ni un Gaulois si rusé. Commencez donc plutôt, et remplissez la tâche qui vous est imposée, nous avons déjà perdu trop de temps à d'autres choses : les ombres qui s'allongent et le soleil couchant annoncent la fin du jour et l'arrivée de la nuit.

Après quelques moments de silence, Gallus commença ainsi : « Je crois que je dois d'abord prendre garde à ne pas répéter les miracles de Martin que notre ami Sulpice a rapportés dans son livre ; je passerai donc sous silence ce que Martin a fait lorsqu'il portait les armes et pendant qu'il fut laïque et moine, et je raconterai plutôt ce que j'ai vu moi-même, de préférence à ce que je tiens des autres. »

DEUXIÈME DIALOGUE

—

I. — « Aussitôt que j'eus quitté les écoles, je me joignis à Martin. Quelques jours après, comme nous le suivions pendant qu'il allait à l'église, un pauvre à demi nu (c'était en hiver) se présenta à lui, demandant qu'on lui donnât un vêtement. Martin appela alors l'archidiacre, lui ordonna de revêtir le pauvre immédiatement, et entra ensuite dans la sacristie, où il demeura seul selon sa coutume ; car, même dans l'église, accordant toute liberté au clergé, il préférait la solitude ; quant aux autres prêtres, ils se tenaient dans l'autre sacristie, y recevaient des visites, ou s'occupaient d'affaires. Mais Martin restait dans sa retraite, jusqu'à l'heure où il était d'usage de célébrer l'office pour le peuple. Je n'omettrai pas de vous dire que, dans la sacristie, jamais il ne se servit d'un siége orné, et, dans l'église, personne ne le vit jamais s'asseoir, comme le fit naguère un certain personnage que je vis placé (et j'atteste le Seigneur que ce ne fut pas sans honte) sur un siége élevé et magnifique, comme sur un trône royal. Martin s'asseyait sur un petit escabeau grossier, semblable à ceux dont se servent les esclaves, que nous autres, simples Gaulois, nous appelons siéges à trois pieds, et que vous lettrés et vous qui revenez de la Grèce nommez trépieds. L'archidiacre ayant négligé de donner un vêtement au pauvre, celui-ci entra dans la retraite du saint homme, se plaignant d'avoir été oublié, et de souffrir beaucoup. Aussitôt, sans que le pauvre s'en aperçoive, le bienheureux ôte secrètement sa tunique sous son manteau, en revêt le pauvre et le congédie. Quelque temps après, l'archidiacre entre, et, selon l'usage, avertit Martin que le peuple attend dans l'église, et qu'il est temps de sortir pour célébrer le sacrifice. Mais le Saint lui répond qu'il faut d'abord vêtir le pauvre (il parlait de lui-même), et qu'il ne peut aller à l'église avant que le pauvre n'ait un vêtement. Le diacre qui ne comprend pas, car Martin étant couvert d'un manteau, il ne peut s'apercevoir de sa nudité, affirme qu'il n'y a pas de pauvre. « Que l'on m'apporte,

dit Martin, le vêtement qu'on lui a préparé, et
je trouverai un pauvre à vêtir. » Le prêtre, pressé
par cet ordre, et dont la bile était déjà en mouvement, achète rapidement pour cinq pièces d'argent une robe grossière, courte et velue, et la
met, tout irrité, aux pieds de Martin : « La voici,
dit-il, mais je ne vois point de pauvre. » Martin,
sans aucune émotion, lui ordonne de se tenir
quelques instants à la porte, désirant être seul,
pendant qu'il se revêt de cette tunique, s'ef-
forçant de cacher ce qu'il fait. Mais les saints
peuvent-ils céler ces sortes de choses! bon gré
mal gré ceux qui s'en informent les découvrent
toujours.

II. — « Revêtu de cet habit, il alla donc offrir le
saint sacrifice. Ce jour-là même (chose merveilleuse!), comme il bénissait l'autel selon la coutume, nous vîmes briller au-dessus de sa tête un
globe de feu, qui, en s'élevant en l'air, traça un sil-
lon lumineux. Quoique ce miracle soit arrivé un
jour de grande fête, et en présence d'une immense
foule de peuple, une vierge, un prêtre et trois
moines en furent les seuls témoins. Pourquoi les
autres ne le virent-ils pas? C'est ce que je ne puis
expliquer. A peu près à cette époque, mon oncle
Evanthius, bon chrétien, quoiqu'il vécût dans le
monde, tomba dangereusement malade, et se vit
aux portes de la mort; il fit demander Martin, qui

vint aussitôt. Avant que le saint homme eût fait
la moitié du chemin, le malade éprouva le bien-
fait de son approche, recouvra aussitôt la santé, et
vint lui-même au-devant de nous. Le lendemain
il retint Martin, qui voulait partir, et le même
jour un serpent piqua mortellement un des esclaves de la maison. Evanthius le prit sur ses
épaules (car le poison était si violent, qu'il était
déjà presque inanimé) et le déposa aux pieds du
Saint, assuré qu'il n'y avait rien d'impossible pour
lui. Déjà le venin s'était répandu dans tous les
membres; vous eussiez vu les veines gonflées soulever la peau et le ventre tendu comme une outre.
Martin étendit la main, plaça son doigt près de
l'endroit où la bête avait déposé son venin. Alors,
(chose admirable!) nous vîmes le poison revenir
de tous côtés vers le doigt de Martin, et, mêlé de
sang, sortir abondamment par l'étroite ouverture;
de même que les mamelles des chèvres ou des brebis, pressées par la main du pasteur, laissent sortir
de longs filets d'un lait abondant. L'esclave se leva
complétement guéri. Quant à nous, stupéfaits
d'un si grand miracle, et cédant à l'évidence,
nous avouâmes qu'il n'y avait personne sous le
ciel qui pût imiter Martin.

III. — « Quelque temps après, nous voyagions
avec Martin qui visitait son diocèse : je ne sais pourquoi nous étions restés en arrière, et il nous pré-

cédait un peu. A ce moment un chariot du fisc, plein de soldats, s'avançait sur la voie publique. Dès que les mules qui le traînaient aperçurent près d'elles Martin enveloppé d'un vêtement grossier et d'un long manteau noir, saisies de frayeur, elles se jetèrent un peu à l'écart; leurs traits se mêlèrent, et elles mirent le désordre dans tout l'attelage. Les soldats rétablirent l'ordre difficilement, ce qui leur causa du retard. Irrités de cet accident, ils se précipitèrent en bas de leurs voitures, et se mirent à frapper Martin à coups de fouets et de bâtons; mais celui-ci supportait leurs coups sans mot dire, avec une incroyable patience, ce qui augmentait la folie de ces malheureux, rendus plus furieux, parce qu'il semblait mépriser et ne pas sentir leurs coups. Nous arrivâmes aussitôt, et nous trouvâmes Martin étendu à terre, à demi mort, horriblement ensanglanté, et tout le corps cruellement déchiré. Après l'avoir placé sur son âne, nous nous hâtâmes de nous éloigner, en maudissant le lieu de cet affreux malheur. Pendant ce temps, les soldats, revenus à leurs chariots, après avoir assouvi leur fureur, excitent leurs mules à continuer la route. Mais ces animaux, fixés au sol comme des statues d'airain, ne font aucun mouvement, malgré les cris perçants de leurs maîtres et les coups de fouets qui résonnent de tous côtés. Enfin ils se lèvent tous pour les frapper, mais c'est en vain

qu'ils font usage des fouets gaulois ; ils dévastent
la forêt voisine, et frappent les mules avec d'é-
normes branches ; mais leurs mains cruelles sont
impuissantes, elles restent à la même place, immobiles comme des statues. Ces malheureux ne
savaient plus que faire ; malgré leur brutalité, ils
ne pouvaient déjà plus se dissimuler qu'ils étaient
retenus par une puissance divine. Enfin, rentrant en eux-mêmes, ils commencèrent à se demander quel était celui qu'ils avaient frappé dans
ce même endroit ; ils s'informent aux passants,
qui leur apprennent que c'est Martin qu'ils ont
traité si inhumainement. Alors tout leur fut dé-
couvert, ils comprirent que c'était à cause de l'ou-
trage fait au saint évêque qu'ils ne pouvaient plus
avancer, et ils s'élancèrent rapidement après nous.
Sentant leur faute, et remplis d'une juste honte,
pleurant, la tête et la figure couvertes de poussière,
ils se précipitent aux genoux de Martin, implorent
leur pardon et la permission de s'éloigner, disant
que les remords de leur conscience les ont assez
punis, et qu'ils comprennent bien qu'ils auraient
pu être engloutis par la terre, ou, perdant la raison, être changés en durs rochers, comme leurs
mules avaient été clouées au sol ; ils le prient et
le supplient de leur pardonner et de leur permettre de partir. Le saint homme savait avant
leur arrivée qu'ils étaient retenus, et il nous en
avait prévenus ; il leur pardonna cependant avec

bonté, et leur permit de continuer leur route avec leur équipage. »

IV. — « J'ai plus d'une fois remarqué, Sulpice, que Martin, devenu évêque, disait souvent qu'il n'avait plus autant de puissance qu'autrefois pour opérer des miracles. Si cela est vrai, ou plutôt puisque c'est vrai, nous pouvons conjecturer que les miracles qu'il fit sans témoins, lorsqu'il était moine, furent très-remarquables ; car il en opéra publiquement de très-grands durant son épiscopat. Beaucoup de ses premiers miracles ne purent échapper au monde, ni demeurer dans l'oubli ; mais le nombre de ceux qu'il cacha pour échapper à la vanité, et qu'il ne laissa pas arriver à la connaissance des hommes, est, dit-on, incalculable. Car, supérieur à la nature humaine et sentant sa puissance, il foulait aux pieds la gloire du monde, et n'avait que le Ciel pour témoin. C'est ce qui a été prouvé par le récit de ceux que nous connaissons, et qu'il n'a pu nous cacher. Avant d'être évêque, il a ressuscité deux morts, ce que vous nous racontez très-bien dans votre livre ; mais (et je m'étonne que vous ayez omis de le dire) pendant son épiscopat il n'en ressuscita qu'un seul ; ce que je puis affirmer comme témoin, si mon témoignage vous paraît suffisant. Voici comment la chose s'est passée : Je ne sais pour quelle raison nous allions à Chartres. Comme nous pas-

sions dans un bourg très-populeux, nous rencontrâmes une grande foule de gentils, car il ne se
trouvait aucun chrétien en cet endroit. A l'annonce
de l'arrivée d'un si grand homme, les champs
voisins s'étaient couverts d'une foule énorme.
Martin sentit qu'il devait agir, le frémissement
de tout son corps lui annonça l'approche du Saint-
Esprit, et d'une voix surhumaine il annonça aux
gentils la parole de Dieu, gémissant souvent
qu'une si grande multitude ignorât le Seigneur
Jésus. Alors (nous étions entourés d'une grande
foule) une femme, dont le fils venait de mourir,
tendit vers le Saint ce corps inanimé, et lui dit :
« Nous savons que tu es l'ami de Dieu ; rends-moi
mon fils, mon fils unique. » Martin, voyant en
ce moment (comme il nous le dit plus tard) que
pour le salut de tous il pourra obtenir un miracle, reçoit l'enfant entre ses bras, fléchit le
genou devant la foule, et, après avoir prié, le
rend plein de vie à sa mère. Toute cette multitude pousse aussitôt de grands cris qui s'élèvent
jusqu'au ciel, et reconnaît le Christ pour son Dieu ;
tous ils se jettent aux pieds du saint homme, demandant avec foi qu'on les fît chrétiens. Martin
n'hésite pas. Comme il se trouve au milieu d'une
plaine, il les fait tous catéchumènes par une imposition générale des mains ; puis, se tournant
vers nous, il nous dit que ce n'est pas sans raison que l'on peut faire des catéchumènes dans

une plaine, puisque c'est là ordinairement que se
consacrent les martyrs. »

V. — « Tu l'emportes, Gallus, dit Postumianus,
non pas sur moi, qui suis dévoué partisan de Martin, qui connais tous ses miracles et y crois fer-
mement, mais tu l'emportes sur tous les ermites
et les anachorètes. Aucun d'entre eux, comme
votre Martin, ou plutôt comme notre Martin, n'a
ressuscité des morts. C'est avec raison que Sulpice
le compare aux apôtres et aux prophètes; il leur
ressemble en tout; sa grande foi et ses miracles
nous le prouvent. Mais achève, je t'en prie,
quoique nous ne puissions rien entendre de plus
magnifique; achève cependant de nous raconter
ce qui te reste à nous dire de Martin. Mon âme
désire vivement connaître ses moindres actions de
chaque jour; car, sans aucun doute, ses moindres
actions sont plus importantes que les plus grandes
actions des autres. » — « Il est vrai que je n'ai
pas vu ce que je vais raconter, car ce miracle
arriva avant que je me fusse joint au bienheureux; mais il est fort célèbre et a été divulgué par
les moines fidèles qui étaient présents. A peu près
à l'époque où il reçut l'épiscopat, Martin fut
obligé de se présenter à la cour. Valentinien ré-
gnait alors. Sachant que Martin demandait des
choses qu'il ne voulait pas accorder, il ordonna
qu'on ne le laissât pas entrer au palais. Outre sa

vanité et son orgueil, il avait une épouse arienne
qui l'éloignait du Saint et l'empêchait de lui rendre
hommage. C'est pourquoi Martin, après avoir fait
plusieurs tentatives inutiles pour pénétrer chez ce
prince orgueilleux, eut recours à ses armes ordinaires; il se revêtit d'un cilice, se couvrit de
cendres, s'abstint de boire et de manger, et pria
jour et nuit. Le septième jour, un ange lui apparut et lui ordonna de se rendre avec confiance au
palais; il lui dit que les portes, quoique fermées,
s'ouvriront d'elles-mêmes, et que le fier empereur s'adoucira. Rassuré par la présence et les
paroles de l'ange, et aidé de son secours, il se
rend au palais. Les portes s'ouvrent; il ne rencontre personne, et parvient sans opposition jusqu'à l'empereur. Celui-ci, le voyant venir de loin,
frémit de rage de ce qu'on l'a laissé entrer, et ne
veut pas se lever pendant qu'il se tient debout.
Tout à coup son siége est couvert de flammes qui
l'enveloppent, et forcent ce prince orgueilleux de
descendre de son trône et de se tenir debout,
malgré lui, devant Martin. Il embrasse ensuite
celui qu'il avait résolu de mépriser, et avoue qu'il
a ressenti les effets de la puissance divine; puis,
sans attendre les prières de Martin, il lui accorde
tout ce qu'il veut, avant qu'il lui ait fait aucune
demande. Il le fit souvent venir pour s'entretenir
avec lui, ou le faire asseoir à sa table. À son départ,
il lui offrit beaucoup de présents; mais le saint

homme, voulant toujours rester pauvre, n'en
accepta aucun.

VI. — « Et puisque nous voici dans le palais,
je raconterai tout ce que Martin y a fait à diverses
époques. Il me semble que je ne dois pas omettre
de parler de l'admiration d'une pieuse reine pour
Martin. L'empereur Maxime gouvernait l'empire;
c'était un homme dont toute la vie serait digne de
louanges, s'il eût pu refuser une puissance illé-
gitime que lui imposèrent des soldats en révolte,
et éviter la guerre civile; mais il n'eût pu sans
danger refuser un si grand empire, et le gouver-
ner sans avoir recours aux armes. Ce prince faisait
souvent venir Martin dans son palais, et s'entretenait longtemps avec lui de la vie présente et
future, de la gloire des fidèles, de l'éternité des
saints; tandis que jour et nuit la reine restait
suspendue aux lèvres de Martin, et, semblable à
Marie, arrosait ses pieds de pleurs, qu'elle essuyait
avec ses cheveux. Martin, qu'aucune femme n'a-
vait jamais touché, ne pouvait éviter la présence
continuelle de l'impératrice, ou plutôt cette véritable servitude. Oubliant ses richesses, la dignité
impériale, le diadème et la pourpre, prosternée
à terre, elle ne pouvait être arrachée des pieds de
Martin. Enfin, elle demanda à son mari de lui
permettre d'éloigner tous ses serviteurs, et de
préparer seule un repas pour Martin. L'empereur

joignit ses instances à celles de l'impératrice, pour
décider le bienheureux, qui ne put s'opposer à
ce dessein. Elle prépara donc tout de ses mains
royales, couvrit son siége d'un tapis, approcha
la table, présenta l'eau pour les mains, et apporta
les mets qu'elle avait fait cuire elle-même. Pendant que Martin était assis, elle se tint immobile
à quelque distance, selon l'usage des domestiques,
montrant en tout la réserve d'un serviteur et la
soumission d'un esclave; elle-même lui versa
à boire et lui présenta la coupe. Après le repas,
elle recueillit avec soin les morceaux de pain et
les miettes, préférant ces restes aux repas impé-
riaux. Heureuse femme! ses sentiments de piété
la rendent, avec raison, comparable à cette reine
qui vint des confins de la terre entendre Salomon,
si nous nous en tenons simplement à l'histoire;
mais si nous comparons la foi de ces deux reines
(qu'on me permette cela, en mettant de côté la
majesté du mystère), on verra que l'une alla
entendre un sage, et que l'autre, non contente
de l'entendre, le voulut servir elle-même. »

VII. — A cet endroit, Postumianus prit la parole. « Il y a longtemps, Gallus, que je t'écoute et
que j'admire profondément la foi de l'impératrice;
mais ne m'avais-tu pas dit que jamais Martin ne se
laissait approcher par une femme? et voici que
l'impératrice non-seulement s'est approchée de

Martin, mais encore l'a servi pendant son repas. »
— « Pourquoi, lui dit alors Gallus, ne considérez-
vous pas ici, comme le font les grammairiens, le
lieu, le temps et la personne? Représentez-vous
la position difficile où se trouvait Martin dans le
palais de l'empereur, l'impératrice qui l'obsédait,
qui lui faisait en quelque sorte violence par ses
prières et les instances que sa foi lui inspirait;
enfin, considérez les circonstances impérieuses
qui le pressaient : il voulait obtenir la liberté
d'infortunés captifs, faire révoquer des sentences
d'exil, et enfin faire rentrer dans la possession de
leurs biens des malheureux qu'on en avait dépouil-
lés. Pour obtenir toutes ces grâces, auxquelles le
saint évêque attachait un si grand prix, n'a-t-il pas
dû se relâcher un peu de la rigueur de la règle de vie
qu'il s'était tracée? Néanmoins vous pensez, vous,
que quelques personnes pourront s'autoriser de cet
exemple et en abuser; eh bien, moi, je proclame
heureux ceux qui, dans une circonstance semblable, prendront modèle sur Martin. Qu'on réflé-
chisse donc que [Martin déjà septuagénaire, une
seule fois dans sa vie, fut servi à table, non par
une veuve vivant à sa guise, ni par une vierge,
mais par une femme mariée, qui le fit à la prière
de son mari lui-même, par une impératrice. Elle
se tint debout pendant qu'il mangeait, sans s'asseoir
à côté de lui; et, sans oser partager son repas, elle
le servit humblement. Voici donc la règle : que la

femme vous serve sans vous commander et sans
prendre place à côté de vous; Marthe servit ainsi
le Seigneur, sans être admise au repas, et qui plus
est Marie, qui écoutait la parole du Sauveur, fut
mise au-dessus de Marthe qui le servait. Quant à
l'impératrice, elle a pareillement agi envers Martin; elle l'a servi comme Marthe, et écouté comme
Marie. Si quelqu'un veut s'autoriser de cet exemple,
qu'il l'imite donc scrupuleusement; que ce soit le
même motif, la même personne, la même humilité, le même festin, et que cela ne lui arrive
qu'une fois dans sa vie.

VIII. — « Je vous ai déjà raconté tant de merveilles, que je devrais vous avoir satisfait; mais
puisque je ne puis me refuser à vos désirs, je par-
lerai encore jusqu'à la fin du jour. Lorsque je regarde cette paille préparée pour nos lits, je me
souviens que la paille du lit de Martin fut l'occasion d'un miracle; voici comment la chose se
passa. Le bourg de Claudiomagus se trouve sur les
limites du Berri et de la Touraine; là est une
église célèbre par la piété de ses saints et le troupeau non moins glorieux de ses vierges. Martin
passant en cet endroit coucha dans la sacristie.
Après son départ, les vierges s'y précipitèrent en
foule, baisèrent les endroits où le Saint s'était
assis où arrêté, et se partagèrent la paille où il
avait reposé. L'une d'elles, quelques jours après,

suspendit au cou d'un énergumène la paille qu'elle
avait recueillie par respect, et aussitôt, plus vite
que je ne vous le raconte, le démon fut chassé et
la personne délivrée.

IX. — « A peu près à cette époque, en revenant
de Trèves, Martin rencontra une vache agitée par
le démon ; elle avait quitté le troupeau, se pré-
cipitait sur tous ceux qu'elle rencontrait, et avait
déjà frappé plusieurs personnes. Lorsqu'elle fut
près de nous, ceux qui la suivaient de loin se mirent à nous crier de prendre garde ; mais Martin
éleva la main au moment où elle s'approchait
toute furieuse avec des yeux menaçants, et lui
commanda de s'arrêter. A cet ordre, elle demeura
aussitôt immobile. Ce fut alors que Martin vit un
démon assis sur son dos, et lui dit : « Misérable,
éloigne-toi de cet animal innocent et cesse de l'a-
giter. » L'esprit malin obéit et disparut. La vache,
ayant assez d'instinct pour comprendre sa déli-
vrance, devint tranquille, se prosterna aux pieds
du Saint, et sur son ordre regagna le troupeau,
qu'elle suivit plus douce qu'une brebis. Ce fut à
cette époque que Martin sortit sain et sauf du milieu des flammes. Je ne crois point devoir rapporter ce fait ; car, quoique Sulpice l'ait omis dans son
livre, il l'a cependant raconté avec détail dans sa
lettre à Eusèbe, alors prêtre et récemment devenu
évêque. Vous l'avez lue, je crois, Postumianus ; si

5

vous ne la connaissez pas, vous la trouverez à votre disposition dans cette bibliothèque, car je ne rapporte que ce que Sulpice a omis. Un jour, Martin visitait son diocèse, lorsque nous rencontrâmes une troupe de chasseurs dont les chiens poursuivaient un lièvre. Déjà la pauvre bête, fatiguée d'une longue course, et ne voyant aucun refuge dans la plaine immense qui l'entourait, s'efforçait de conjurer le péril imminent en bondissant de côté et d'autre. Le Saint, ému du danger qu'elle courait, ordonna aux chiens de cesser leur poursuite et de la laisser s'échapper. A peine eut-il donné cet ordre, qu'ils s'arrêtèrent à l'instant; on les aurait crus liés ou plutôt cloués au sol, tant ils demeuraient immobiles. Aussi le pauvre lièvre, dont les ennemis étaient ainsi retenus, put s'échapper sain et sauf.

X. — « Les propos spirituels et familiers de Martin méritent d'être rapportés. Apercevant une brebis qu'on venait de tondre, il dit : « Elle a accompli le précepte de l'Évangile; elle avait deux tuniques, elle en a donné une à celui qui n'en avait pas : c'est aussi ce que vous devez faire. » Voyant encore un porcher à demi nu, transi de froid sous un vêtement fait de peaux : « Voici Adam chassé du paradis, dit-il, qui fait paître ses pourceaux sous un vêtement de peaux; quant à nous, dépouillons notre vieux vêtement que celui-

çi a gardé, et revêtons-nous du nouvel Adam. »
Des bœufs avaient brouté une partie d'une prai-
rie, des porcs en avaient fouillé une autre ; le
reste, demeuré intact, verdoyait, émaillé de mille
fleurs. « La partie que les bœufs ont broutée, nous
dit-il, représente le mariage ; si la verdure a encore quelque fraîcheur, les fleurs ne l'ornent plus.
La partie fouillée par les porcs immondes représente la dégoûtante image de la débauche ; mais
la portion qui n'a reçu aucune souillure nous
montre la gloire de la virginité ; l'herbe y est
épaisse et le foin abondant, et les fleurs, leur plus
grand ornement, y brillent comme des pierres
précieuses. Quel magnifique spectacle, digne des
yeux de Dieu ! car rien n'est comparable à la virginité. Ceux qui comparent le mariage à la fornication sont grandement dans l'erreur, et ceux qui
le comparent à la virginité sont de misérables in-
sensés. Les sages doivent faire cette distinction :
que le mariage est toléré, la virginité glorifiée, et
la fornication punie, à moins qu'on ne l'expie par
la pénitence.

XI. — « Un soldat, ayant abandonné la carrière
des armes, fit profession de moine au pied des
autels, et se bâtit une cellule dans un lieu retiré
pour y vivre en ermite. Mais l'esprit malin, qui
agitait de beaucoup de pensées son âme grossière,
lui fit changer d'idées et souhaiter de vivre avec

sa femme, que Martin avait fait entrer dans un
couvent de filles. Ce vaillant ermite alla donc
trouver Martin, et lui fit part de son désir. Celui-ci
refusa aussitôt, en lui disant qu'il n'était pas convenable qu'une femme habitât avec un homme,
qui n'est plus son mari puisqu'il s'est fait moine.
Enfin, comme le soldat faisait des instances, affir-
mant que cela ne nuirait point à son genre de vie,
qu'il ne voulait avoir sa femme que comme une
consolation, et qu'il n'était point à craindre qu'ils
tombassent dans le vice : car, disait-il, je suis
soldat du Christ, et ma femme a aussi prêté serment dans cette sainte milice; accordez donc à
des religieux, qui par le mérite de la foi ne con-
naissent plus le sexe, la permission de combattre
ensemble. Martin lui dit alors (je cite ses propres
paroles) : « As-tu jamais été à la guerre, dans les
rangs d'une armée rangée en bataille ? — Souvent,
répondit le soldat, je me suis trouvé dans les rangs
d'une armée, et j'ai assisté à des combats. — Dis-
moi donc, reprit Martin, as-tu jamais vu dans une
armée prête à en venir aux mains, ou combattant
déjà l'ennemi l'épée à la main, une femme se tenir dans les rangs et prendre part au combat ? »
Alors, enfin, le soldat confus rougit et remercia
Martin de l'avoir détourné de cette erreur, non
par de rudes réprimandes, mais en se servant
d'une comparaison juste, raisonnable, et appro-
priée à un soldat. Puis, Martin se tournant vers

nous (car il était souvent entouré d'une nombreuse troupe de frères) : « La femme, dit-il, ne doit point entrer dans le camp des soldats, ni se mêler à eux. Qu'elle reste chez elle ; une armée devient méprisable, lorsqu'une troupe de femmes se mêle à ses rangs. C'est au soldat de combattre en bataille rangée et en plaine ; la femme se doit renfermer dans l'asile de sa demeure. Sa gloire, à elle, c'est de rester pure en l'absence de son mari ; sa première vertu et sa plus grande victoire, c'est de rester cachée. »

XII. — « Vous devez vous rappeler, Sulpice, avec quelle ardeur Martin louait cette vierge qui s'était si complétement soustraite aux regards des hommes, qu'elle ne voulut pas même recevoir Martin, qui voulait la visiter par honneur ; car, passant par le lieu qu'elle habitait depuis plusieurs années, il s'arrêta, ayant entendu parler de sa foi et de ses vertus, afin d'honorer une si sainte personne d'une visite épiscopale. Nous le suivions, persuadés que cette vierge s'en réjouirait, et regarderait comme un témoignage de sa vertu, qu'un évêque si célèbre se relâchât pour la voir de son austérité. Mais le plaisi de sa visite ne fut pas pour elle une raison suffisante pour manquer à la ferme résolution qu'elle avait prise. Le bienheureux reçut ses excuses par l'entremise d'une autre femme, et s'éloigna plein de joie de la maison de

cette vierge, qui ne lui avait pas permis de la voir
et de la saluer. O la glorieuse vierge! qui ne souffrit pas les regards de Martin lui-même. O heureux
Martin! qui, loin de considérer ce refus comme une
injure, exaltait cet acte de vertu, dont on n'avait
pas encore vu d'exemple dans ces contrées, et s'en
réjouissait dans son cœur. L'approche de la nuit
nous ayant forcés de nous arrêter à quelque distance de cette demeure, cette même vierge envoya
un cadeau au saint évêque. Martin fit alors ce qu'il
n'avait point fait auparavant (car jamais il n'accepta un présent de personne), en disant qu'un
évêque pouvait accepter les offrandes bénies d'une
vierge si vénérable, que l'on pouvait préférer à
bien des évêques. Que les vierges n'oublient pas
cet exemple; qu'elles ferment leurs portes même
aux honnêtes gens pour éviter les méchants, et si
elles veulent leur fermer tout accès auprès d'elles,
qu'elles ne reçoivent pas même les évêques. Que
le monde entier l'apprenne, une vierge n'a pas
souffert que Martin la vît. Et ce ne fut pas un
prêtre quelconque qu'elle refusa de voir, c'était
celui dont la vue est le salut de tous ceux qui le
voyaient. Quel autre évêque que Martin n'en eût
pas été offensé? Quel n'eût pas été son méconten-
tement contre cette sainte vierge? Il l'eût tenue
pour hérétique, et l'eût anathématisée. Combien
il eût préféré à cette belle âme ces vierges qui
toujours vont partout à la rencontre des évêques,

leur préparent de sompteux repas, et se mettent
à table avec eux. Mais où me conduit mon récit?
Réprimons ce langage trop libre, de peur d'offenser quelqu'un. Car les reproches ne font aucun
effet sur les infidèles, tandis que cet exemple suffit pour les fidèles. Mais si j'exalte la vertu de cette
vierge, je ne prétends rien ôter à la gloire de celles
qui vinrent de régions fort éloignées pour voir
Martin, puisque les anges eux-mêmes ont souvent visité le saint homme avec autant de respect.

XIII. — « Ce que je vais raconter, Postumianus, celui-ci, dit-il en me regardant, vous l'attestera. Un jour, Sulpice et moi nous veillions à
la porte de Martin; nous étions assis là en silence
depuis quelques heures, pleins de respect et de
crainte, comme si nous veillions à la porte d'un
ange. Or la cellule de Martin était fermée, et il
ne savait pas que nous fussions là. A ce moment
nous entendîmes le bruit d'une conversation; la
frayeur s'empara de nous, et nous sentîmes qu'il
se passait quelque chose de surnaturel. Deux
heures après Martin sortit. Alors Sulpice (car
personne n'est plus familier avec lui) se mit à le
prier instamment de satisfaire notre pieuse curiosité, en nous faisant connaître quelle était cette
frayeur surnaturelle que nous avions ressentie
tous deux, ou quelles étaient les personnes avec

lesquelles il avait conversé dans sa cellule; car
nous avions entendu derrière la porte le bruit
d'une conversation, qu'à la vérité nous n'avions
pu comprendre. Martin hésita beaucoup; mais il
n'y avait rien que Sulpice n'obtînt de lui. (Je vais
raconter des choses merveilleuses, mais je prends
Dieu à témoin que je dis la vérité, et personne ne
sera assez sacrilége pour accuser Martin de mensonge). « Je vous le dirai, dit-il, mais, de grâce,
ne le confiez à personne; Agnès, Thècle et Marie
étaient avec moi. » Et il nous décrivit le visage et
le vêtement de chacune d'elles; il nous avoua
qu'elles ne l'avaient pas visité seulement ce jour-là,
mais bien d'autres fois; il ne nous cacha pas non
plus qu'il voyait souvent Pierre et Paul. Lorsque
les démons venaient auprès de lui, il les appelait
par leurs noms. Mercure lui était particulièrement
désagréable; Jupiter, disait-il, était hébété et grossier. Toutes ces choses paraissaient incroyables,
même à ceux qui habitaient le même monastère
que lui, et je ne crois pas que tous ceux qui les
entendront y ajouteront foi. Mais si sa vie et ses
miracles n'étaient pas si étonnants, sa gloire ne
serait pas si grande. D'ailleurs il n'est pas sur-
prenant que notre faiblesse humaine doute des
miracles de Martin, lorsque nous voyons tous les
jours beaucoup de personnes qui ne croient pas
même à l'Évangile. Souvent nous avons remarqué
que les anges conversaient avec Martin, et nous

en avons été témoins. Ce que je vais raconter est peu important, toutefois je le dirai. Martin avait refusé d'assister à un concile d'évêques qui se tenait à Nîmes; il désirait cependant savoir ce qui s'y passerait. Par hasard, Sulpice était sur le même bateau que lui; selon son habitude, Martin se tenait loin des autres dans un endroit écarté : là un ange lui annonça ce qui s'était passé dans le concile. Nous nous informâmes avec soin de l'époque où s'était tenu le concile; nous nous convainquîmes que c'était le jour même de l'apparition, et que les évêques avaient décrété ce que l'ange avait annoncé à Martin.

XIV. — « Lorsque nous l'interrogions sur la fin du monde, il nous disait que Néron et l'Antechrist devaient d'abord venir. Néron, ajoutait-il, règnera en Occident après avoir vaincu dix rois, et persécutera le peuple pour le faire tomber dans l'idolâtrie. Quant à l'Antechrist, il règnera d'abord en Orient, et établira le siége de son empire à Jérusalem, qu'il rebâtira ainsi que le temple; il ordonnera une persécution pour forcer ses sujets à renier Dieu, et à le reconnaître pour le Christ. Il mettra Néron à mort, et soumettra toutes les nations de l'univers. Il nous disait encore qu'il n'était pas douteux que l'Antechrist, engendré par le malin esprit, ne fût déjà né, mais encore enfant, et n'attendant que l'âge viril pour régner. Il y a

5*

déjà huit ans que Martin nous parlait ainsi : voyez
combien est imminent cet effrayant avenir. » Pendant que Gallus parlait encore, et il n'avait pas
tout dit, un serviteur entra annonçant que le
prêtre Réfrigérius était à la porte. Comme nous
hésitions, ne sachant s'il était préférable d'écouter
encore Gallus, ou d'aller à la rencontre d'un prêtre
qui nous est si cher et qui venait nous rendre visite, Gallus nous dit : « Quand bien même nous
ne devrions pas finir ces discours pour recevoir
un si saint prêtre, la nuit nous forcerait d'abandonner ce récit déjà si long. Comme je n'ai pu
vous raconter tous les miracles de Martin, que
mon récit d'aujourd'hui vous suffise, demain je
vous raconterai le reste. » Après cette promesse
de Gallus, nous nous levâmes tous.

TROISIÈME DIALOGUE

—

I. — « Il commence à faire jour, Gallus, levons-nous ; car, comme tu le vois, Postumianus
est impatient ; et le prêtre, qui n'a pu t'entendre
hier, attend que, selon ta promesse, tu continues
tes récits sur Martin. Ce dernier, il est vrai, n'i-
gnore pas ce que tu vas raconter, mais il est doux
et agréable d'entendre de nouveau ce qu'on connaît déjà ; il a suivi Martin dès sa jeunesse ; il
connaît donc tous ses miracles, mais il les écou-
tera encore avec plaisir. Je l'avouerai, Gallus, que
bien souvent j'ai entendu raconter les miracles de
Martin ; j'en ai rapporté beaucoup dans mes lettres ;
mais ils sont tellement admirables, que le récit en

est toujours nouveau pour moi. D'ailleurs, je suis
d'autant plus heureux de voir Réfrigérius grossir
notre auditoire, que Postumianus, qui est pressé
de retourner en Orient raconter toutes ces merveilles, emportera d'ici des récits dont la véracité
aura été attestée par un plus grand nombre de
témoins. » Après ces paroles, Gallus se préparait
à parler, lorsque subitement entrèrent un grand
nombre de moines, le prêtre Évagrius, Aper,
Sébastien, Agricola; et peu après le prêtre Acthe-
rius, avec le diacre Calupion et l'archidiacre
Amator. Enfin le prêtre Aurélius, mon ami intime, arriva le dernier de fort loin et hors d'ha-
leine. « Qui peut vous faire venir de si loin, si
subitement et inopinément, à cette heure mati-
nale ? leur dis-je. — Nous avons appris hier,
répondirent-ils, que pendant toute la journée
Gallus avait parlé des miracles de Martin, et qu'il
avait remis la suite au lendemain, à cause de
l'approche de la nuit; nous avons donc pris la
résolution de former un nombreux auditoire à
celui qui devait traiter une si belle matière. » On
nous annonça en ce moment qu'un grand nombre
de laïques étaient à la porte, n'osant entrer, mais
priant qu'on voulût bien les admettre.— « Il n'est
pas convenable, dit alors Aper, de leur permettre
de se mêler à nous, car ils ont été amenés plutôt
par la curiosité que par la piété. » Honteux pour
ceux qu'Aper ne voulait pas laisser entrer, j'obtins

enfin, non sans peine, qu'on admit Eucherius, ancien vicaire, et Celse, personnage consulaire. Alors Gallus, placé sur un siége au milieu de l'assemblée, garda longtemps un modeste silence, puis il commença en ces termes :

II. — « Hommes saints et instruits, qui vous êtes réunis pour m'entendre, je m'adresserai à votre piété, bien plus qu'à votre savoir; veuillez m'écouter plutôt comme un témoin fidèle, que comme un éloquent orateur. Je ne répèterai pas les choses que j'ai dites hier; ceux qui ne les ont pas entendues les peuvent lire. Postumianus en attend de nouvelles, afin de les raconter à l'Orient, pour que la comparaison avec Martin l'empêche de se préférer à l'Occident. Et d'abord, je désire vivement vous raconter un miracle que Réfrigérius me souffle à l'oreille; il s'est passé dans la ville de Chartres. Un père de famille présenta à Martin sa fille, âgée de douze ans et muette de naissance, suppliant le Saint de lui rendre l'usage de la langue par ses mérites. Martin, par déférence pour les évêques Valentinien et Victrice, qui se trouvaient par hasard près de lui, disait que cette tâche était au-dessus de ses forces, mais qu'elle n'était pas impossible à ces saints évêques. Ceux-ci joignirent leurs pieuses instances aux supplications du père, et le prièrent d'acquiescer à sa demande. Le saint homme n'hésita pas (quelle

humilité et quelle admirable miséricorde !) et fit
éloigner le peuple. En présence seulement des
évêques et du père de la jeune fille, il se mit en
prière, selon son habitude ; il bénit ensuite un
peu d'huile, en récitant une formule d'exorcisme,
et versa la liqueur sacrée sur la langue de la jeune
fille, qu'il tenait entre ses doigts. Son attente ne
fut point trompée. Il lui demanda le nom de son
père, qu'elle prononça aussitôt ; celui-ci jette un
cri, se précipite aux pieds de Martin, en pleurant
de joie, et assure aux assistants étonnés que c'est
la première parole qu'il entend prononcer à sa
fille. Si par hasard ce fait vous paraît incroyable,
Évagrius, ici présent, vous attestera sa véracité,
car il en fut témoin.

III. — « Le fait que le prêtre Harpagius m'a
raconté n'est pas très-remarquable ; cependant je
ne dois pas le passer sous silence. La femme du
comte Avicien avait envoyé à Martin de l'huile
dont elle se servait, selon l'usage, contre diverses maladies, afin qu'il la bénît. Cette huile
était contenue dans une fiole de verre courte et
ronde, et dont le col fort long n'était pas tout à
fait plein, parce qu'ordinairement on ne remplit
pas ces petits vases, afin de laisser de l'espace
pour les boucher. Harpagius assure qu'il a vu
l'huile croître pendant la bénédiction de Martin,
puis déborder et se répandre au dehors ; pen-

dant qu'on portait le vase à la femme d'Avicien,
elle bouillonnait et coulait encore entre les mains
de l'esclave avec tant d'abondance, qu'elle couvrit
ses vêtements. La matrone reçut cependant la fiole
pleine jusqu'au bord, et le prêtre Harpagius affirme
qu'aujourd'hui encore elle est si pleine, qu'on ne
peut y mettre un bouchon, afin de la conserver
avec plus de soin. Ce qui est arrivé à celui-ci (et il
me regardait) est aussi fort étonnant. Il avait déposé sur une fenêtre élevée une fiole pleine d'huile
bénite par Martin. Un domestique tira sans pré-
caution le linge qui la recouvrait, ignorant qu'elle
fût dessous, et le vase tomba sur le pavé de
marbre. Tous tremblaient que cet objet sacré ne
fût brisé; mais on le trouva intact, comme s'il
fût tombé sur la plume la plus douce. On ne peut
attribuer ce miracle au hasard, mais à Martin,
dont la bénédiction ne devait point se perdre.
Raconterai-je ce qui a été fait par une certaine
personne dont je tairai le nom, car elle est présente et ne veut pas être connue; Saturninus,
d'ailleurs, fut témoin de ce fait à cette époque.
Un chien nous importunait par ses aboiements.
« Au nom de Martin, dit cette personne, je t'ordonne de te taire. » Les aboiements s'arrêtèrent
aussitôt dans son gosier, et sa langue (qu'on aurait
crue coupée) resta muette. C'était peu, croyez-
moi, que Martin fît des miracles, car les autres en
faisaient en son nom.

IV. — « Vous savez combien se montrait autrefois barbare et cruel le comte Avicien. Il venait
d'entrer à Tours fort irrité, ayant à sa suite une
longue file de prisonniers enchaînés, à l'aspect
misérable; il avait ordonné qu'on préparât toutes
sortes de supplices, se disposant à procéder le lendemain à une si triste tâche à la vue de là ville
étonnée. Lorsque Martin en fut instruit, il se rendit
seul, un peu avant minuit, au palais de cette
bête cruelle. Mais comme les portes étaient fermées à cette heure de la nuit obscure, où tout le
monde dort profondément, Martin se prosterna
sur le seuil de cette maison de sang. Cependant
Avicien, enseveli dans le sommeil, est réveillé
par un ange. « Le serviteur de Dieu est à la porte,
et tu reposes, » dit-il. A cette voix, il sort tout
troublé de son lit, appelle ses serviteurs en tremblant, leur dit que Martin est à la porte, et ordonne d'aller sur-le-champ lui ouvrir, afin que le
serviteur de Dieu n'ait pas à souffrir une injure.
Mais ceux-ci (car tels sont les esclaves) ne dépas-
sèrent pas les portes intérieures, se moquant de
leur maître, devenu le jouet d'un songe, et
dirent qu'il n'y avait personne à la porte; car, ne
croyant pas qu'un homme pût passer la nuit dehors, ils ne pouvaient s'imaginer qu'un évêque
fût prosterné devant un seuil étranger, dans l'horreur des ténèbres. Avicien les crut facilement et
se rendormit. Mais il est de nouveau réveillé par

une puissance supérieure, et s'écrie que Martin est
à la porte, ce qui l'empêche d'avoir aucun repos
de corps ou d'âme. Comme les esclaves tardaient
à venir, il alla lui-même jusqu'à la porte exté-
rieure, et là il trouva Martin, comme il en avait
été averti. Le malheureux, frappé d'un si grand
miracle, s'écria : « Pourquoi agir ainsi ? Seigneur,
je sais ce que vous désirez, je vois ce que vous
demandez ; éloignez-vous de suite, afin que le feu
de la colère céleste ne me consume pas, à cause
de l'injure que je vous fais ; j'ai assez souffert
jusqu'à présent ; croyez-le bien, ce n'est pas sans
raison que je suis venu moi-même ici. » Dès que
Martin se fut retiré, il appela ses officiers, fit dé-
livrer tous les prisonniers, et bientôt s'éloigna lui-
même ; son départ délivra la ville et la remplit de
joie.

V. — « C'est Avicien lui-même qui rapporta ce
fait à beaucoup de personnes. Le prêtre Réfrigérius, ici présent, l'a récemment entendu raconter par Évagrius, homme rempli de foi et ancien
tribun, qui a juré par la majesté divine qu'il le
tenait d'Avicien lui-même. Ne vous étonnez point
si je fais aujourd'hui ce que je ne faisais point
hier ; c'est-à-dire, si à chaque miracle je nomme
les témoins et les personnes encore vivantes, auxquelles les incrédules peuvent recourir. J'agis
ainsi, parce que certaines personnes ont mis en

doute ce que j'ai raconté hier. Je cite donc des
témoins encore pleins de vie et de santé; et ceux
qui ne me croient pas auront peut-être plus de confiance en eux: mais les croiront-ils eux-mêmes,
ces incrédules? Je m'étonne qu'avec le moindre
sentiment de religion, on puisse être assez coupable pour croire qu'un mensonge est possible en
parlant de Martin. Que celui qui craint Dieu éloigne
ce soupçon, car Martin n'a pas besoin qu'on se
serve du mensonge pour ajouter à sa gloire. O
Christ! je te prends à témoin que dans tous mes
discours je n'ai rien dit et ne dirai rien que je n'aie
vu moi-même, ou que je ne tienne de personnes
dignes de foi, et la plupart du temps de Martin
lui-même. Quoique j'aie choisi la forme du dia-
logue, pour éviter la monotonie et varier mes récits, je déclare que je m'en suis loyalement tenu
à la vérité de l'histoire. C'est l'incrédulité d'un
grand nombre de personnes qui me force, à regret,
d'interrompre mon récit. Mais revenons à l'objet
de notre réunion; on m'écoute avec tant d'atten-
tion, que je me vois forcé d'avouer qu'Aper avait
raison d'éloigner les incrédules, persuadé que
ceux-là seulement qui croient doivent m'entendre.

VI. — « En vérité, je suis transporté d'indigna-
tion, et la douleur m'égare; des chrétiens ne
croient pas aux miracles de Martin, et les démons

y ajoutent foi ! Le monastère du Saint était éloigné
de la ville d'environ deux milles. Chaque fois qu'il
mettait le pied hors de sa cellule pour aller à
l'église, on voyait les énergumènes rugir dans
toute l'église, et les coupables trembler comme
à l'approche d'un juge ; si bien que les clercs,
qui ignoraient l'arrivée de l'évêque, en étaient
avertis par les plaintes des démons. J'ai vu un
possédé, à l'approche de Martin, s'élever en l'air,
les mains étendues, et rester suspendu sans toucher le sol de ses pieds. Lorsque Martin était
chargé d'exorciser des démoniaques, il ne les touchait point, ne les réprimandait pas, comme font
les clercs, avec un grand bruit de paroles ; mais il
faisait approcher les énergumènes, ordonnait à la
foule de se retirer ; puis, les portes étant fermées,
revêtu d'un cilice, couvert de cendres, il se pros-
ternait au milieu de l'église pour prier. Alors on
voyait ces misérables délivrés de diverses maniè-
res : les uns, enlevés en l'air par les pieds, sem-
blaient suspendus aux nues, sans que leur vêtement retombât sur leur figure, et que leur nudité
choquât la modestie ; les autres étaient cruellement
tourmentés, et avouaient leurs noms et leurs crimes, sans qu'on les interrogeât. L'un disait qu'il
était Jupiter, l'autre Mercure ; enfin le diable et
ses ministres étaient à la torture ; ce qui nous force
à avouer qu'en Martin s'est accompli ce qui était
écrit : « Les saints jugeront les anges. »

VII. — « La grêle exerçait tous les ans de si
affreux ravages sur un village du pays des Sénonais (1), que les habitants, dans cet excès de leurs
maux, se déterminèrent à implorer le secours de
Martin. Ils lui envoyèrent donc une députation
d'hommes honorables, à la tête desquels était
Auspicius, ancien préfet, sur les propriétés duquel
le fléau faisait ordinairement le plus de dégâts.
Après avoir prié dans cet endroit, Martin délivra
si complétement tout le pays de cette calamité,
que pendant les vingt années qu'il vécut encore
la grêle n'y fit de tort à personne. Que l'on n'attribue point cela au hasard, mais plutôt à Martin ;
car, l'année même de sa mort, le fléau revint et
s'étendit de nouveau sur cette contrée. Le monde
se ressentit tellement de la mort de ce saint
homme, qu'il pleura la perte de celui dont la vie
était pour lui une juste cause de joie. Si, pour
s'assurer de la vérité de ce que j'avance, le lecteur
incrédule me demande des témoins, je n'en citerai
pas seulement un seul, mais plusieurs milliers,
et j'appellerai tout le pays de Sens pour rendre
témoignage de ce miracle. Mais vous, Réfrigérius, il me semble que vous devriez vous souvenir de ce que nous en avons dit avec le pieux et

(1) Le pays des Sénonais comprenait les départements
actuels de l'Yonne, du Loiret, de Seine-et-Marne et de
l'Aude.

honorable Romulus, fils d'Auspicius, qui nous racontait ces faits comme si nous les ignorions. Or les pertes continuelles qu'il avait éprouvées le faisaient trembler pour ses récoltes futures, et il se plaignait amèrement, comme vous l'avez vu, que Martin ne fût plus en vie aujourd'hui.

VIII. — « Mais pour en revenir à Avicien, qui laissait en tous lieux et dans toutes les villes d'horribles traces de sa cruauté, et n'était inoffensif qu'à Tours, cette bête cruelle, avide de sang humain et de supplices, devenait douce et tranquille en présence du bienheureux. Je me rappelle qu'un jour Martin l'alla trouver et entra dans son tribunal, lorsqu'il aperçut un démon d'une grandeur étonnante assis sur son épaule. De loin (ici je suis obligé de me servir d'un mot qui n'est pas très-latin) il souffla sur le malin esprit. Avicien croyant qu'il soufflait sur lui : « Pourquoi me recevoir ainsi? dit-il. — Ce n'est pas sur vous que je souffle, dit Martin, mais sur l'infâme assis sur vos épaules. » Aussitôt le diable abandonna son siége habituel, et c'est un fait constant que depuis ce moment Avicien devint plus doux et plus traitable, soit que, comprenant qu'il exécutait en tout les volontés du démon, il ait rougi d'être ainsi l'agent du mauvais esprit, soit que ce dernier, chassé par Martin de la place qu'il occupait, ait enfin cessé de l'obséder. Dans le bourg d'Amboise (c'est-à-dire dans le vieux château, maintenant habité par un grand nombre de moines) on voyait un temple d'idoles élevé à grands frais. C'était une tour bâtie en pierres de taille, qui s'élevait en forme de cône, et dont la beauté entretenait l'idolâtrie dans le pays. Le saint homme avait souvent recommandé à Marcel, prêtre de cet endroit, de la détruire. Étant revenu quelque temps après, il le réprimanda de ce que le temple subsistait encore. Celui-ci prétexta qu'une troupe de soldats et une grande foule de peuple viendraient difficilement à bout de renverser une pareille masse de pierres, et que c'était une chose impossible pour de faibles clercs et des moines exténués. Alors Martin, recourant à ses armes ordinaires, passa toute la nuit à prier. Dès le matin s'éleva une tempête qui renversa le temple de l'idole jusque dans ses fondements. Je tiens ce fait de Marcel, qui en fut témoin.

IX. — « Sur le témoignage de Réfrigérius, je vais raconter un miracle semblable au précédent, et accompli en pareille circonstance. Martin désirait renverser une immense colonne, surmontée d'une idole, mais il n'avait aucun moyen d'exécuter ce dessein; selon sa coutume, il recourut alors à la prière. Tout à coup l'on vit une colonne semblable tomber du ciel sur l'idole, et réduire en poudre cette immense masse de pierres. C'eût été bien peu de chose, si Martin se fût servi invisiblement des puissances du ciel, et si l'œil de l'homme n'eût pu les voir à son service. Le même Réfrigérius attestera qu'une femme souffrant d'une perte de sang toucha le vêtement de Martin, à l'exemple de la femme de l'Évangile, et fut aussitôt guérie. Un serpent traversait un fleuve, et nageait vers la rive où nous nous trouvions. « Au nom du Seigneur, dit Martin, je t'ordonne de te retirer. » A la voix du Saint, l'animal pervers se retourna, et, selon notre attente, se dirigea de nouveau vers la rive opposée. Comme nous regardions ce miracle avec étonnement, il se mit à gémir profondément et dit : « Les serpents m'écoutent, et les hommes ne m'écoutent pas. »

X. — « A Pâques, le bienheureux avait coutume de manger un poisson. Un peu avant l'heure du repas, il demanda s'il y en avait. Le diacre Caton, chargé de l'administration du monastère et habile pêcheur, lui dit qu'il n'avait pu rien prendre pendant tout le jour, et que les autres pêcheurs qui en vendaient ordinairement n'avaient pu rien prendre non plus. « Va, dit Martin, jette ton filet, et ta pêche sera fructueuse. » Nos cellules (comme Sulpice l'a écrit) étaient situées près du fleuve. Nous allâmes donc tous voir le pêcheur, car c'était un jour de fête, assurés que sa

tentative ne serait pas inutile, puisque Martin
avait ordonné qu'on pêchât pour Martin. Du premier coup de filet (et il était fort petit) le diacre
retira un énorme saumon; il accourut tout joyeux
au monastère, et, comme dit je ne sais quel poëte
(je cite un vers classique, car je parle à des gens
lettrés) :

Apporta le sanglier captif aux Argiens étonnés.

C'est ainsi que Martin, véritable disciple du Christ,
imitant les miracles que le Sauveur a opérés pour
servir d'exemple à ses saints, montrait en lui l'o-
pération de Jésus-Christ, qui glorifiait partout son
saint serviteur, et réunissait sur un seul homme
tous les dons de la grâce. Arborius, ancien préfet,
vous attestera qu'il vit la main de Martin offrant
le saint sacrifice briller d'un vif éclat, comme si
elle eût été revêtue de magnifiques pierres précieuses, qu'il entendait s'entre-choquer lorsqu'il
remuait les mains.

XI. — « J'en viens à ce miracle que Martin cacha toujours, à cause du malheur des temps, mais
qu'il ne put nous dissimuler; je veux parler de la
conversation qu'il eut face à face avec un ange.
Lorsque Priscillien eut été mis à mort, l'empereur
Maxime couvrait de sa protection impériale l'é-
vêque Ithace, et tous ceux de son parti, qu'il n'est

pas nécessaire de nommer ici, ne voulant pas
qu'on pût lui reprocher d'avoir fait condamner un
homme, quel qu'il fût. Martin, forcé d'aller à la
cour, afin d'intercéder pour plusieurs personnes
en grand danger de mort, eut à supporter tous les
coups de la tempête. Des évêques réunis à Trèves,
et communiquant tous les jours avec Ithace,
avaient ainsi participé à son crime. L'arrivée de
Martin, qu'on leur annonça inopinément, les remplit de trouble et d'effroi. La veille déjà l'empereur avait décrété, d'après leur avis, qu'on envoyât en Espagne des tribuns munis de pouvoirs
pour rechercher les hérétiques, les mettre à mort
et confisquer leurs biens. Il n'était pas douteux
que cette tempête ne dût entraîner la perte d'un
grand nombre de fidèles, tant il y avait peu de
différence entre les hérétiques et ceux qui ne l'é-
taient pas; car, à cette époque, les yeux seuls
étaient juges, et un homme était convaincu d'hérésie, moins sur l'examen de sa foi, que sur la
pâleur de son visage et sur son habit. Les évêques
sentaient que de pareils actes ne plairaient point
à Martin; mais comme ils avaient la conscience de
leur faute, leur plus grand souci était la crainte
qu'à son arrivée il ne voulût pas communiquer
avec eux; car ils savaient bien que son influence
lui gagnerait des partisans, qui imiteraient la
fermeté d'un si saint homme. De concert avec
l'empereur, ils envoyèrent donc au-devant de

Martin des officiers chargés de l'empêcher d'entrer à Trèves, à moins qu'il ne déclarât venir en paix avec les évêques réunis dans la ville. Le Saint les trompa habilement, en disant qu'il venait avec la paix du Christ. Il entra pendant la nuit, et se rendit à l'église ; seulement pour prier ; le lendemain il alla au palais. Outre les nombreuses requêtes qu'il avait à adresser à l'empereur, et qu'il serait trop long de détailler ici, il avait surtout deux choses à lui demander : la grâce du comte Narsès et du gouverneur Leucade, tous deux ardents partisans de Gratien, et qui s'étaient attirés la colère du vainqueur. Mais le souci principal de Martin était d'empêcher qu'on n'envoyât en Espagne des tribuns avec droit de vie et de mort ; car, dans sa pieuse sollicitude, il voulait sauver non-seulement les chrétiens exposés à être persécutés, mais aussi les hérétiques eux-mêmes. Les deux premiers jours, le rusé Maxime laissa Martin dans l'incertitude, soit pour augmenter l'importance de cette affaire, soit qu'il fût inexorable, ou bien (et c'est l'avis d'un très-grand nombre) parce que son avarice l'empêchait d'abandonner des biens qu'il convoitait. Ce prince, que l'on dit doué de nombreuses et belles qualités, ne pouvait résister à l'avarice ; du reste, les besoins du gouvernement le feront peut-être facilement excuser de s'être ainsi ménagé des ressources en toute occasion (car ses prédécesseurs avaient épuisé le trésor public), et il se vit toujours embarrassé par des expéditions ou par les guerres civiles.

XII. — « Cependant les évêques avec lesquels Martin avait refusé de communiquer coururent tout tremblants auprès de l'empereur, se plaignant avec douleur d'être condamnés d'avance; c'en était fait d'eux tous, si le puissant Martin se joignait contre eux à l'opiniâtre Théogniste, qui les avait publiquement condamnés; que Martin n'était déjà plus le défenseur, mais le vengeur des hérétiques, et que la mort de Priscillien devenait inutile, puisqu'il se chargeait de la venger. Enfin, prosternés aux pieds de l'empereur, ils le supplièrent avec larmes de faire usage de sa puissance contre lui. Ils avaient presque amené Maxime à confondre Martin parmi les hérétiques; mais ce prince, malgré sa trop grande déférence pour ces évêques, n'ignorait pas que la foi, la sainteté et les vertus de Martin le rendaient supérieur à tous les mortels. Il essaya donc de le vaincre d'une autre manière; il le fit secrètement venir près de lui et lui parla avec douceur. « Les hérétiques, dit-il, sont justement coupables, ils ont été condamnés judiciairement, et n'ont point été victimes de la haine des évêques; ce n'est pas une raison suffisante pour refuser de communiquer

avec Ithace et ses partisans. Théogniste s'est séparé d'eux plutôt par haine que pour un motif
légitime, et il est le seul qui l'ait fait; les autres
évêques n'ont rien changé dans leurs relations
avec lui, et le concile lui-même, réuni il y a quelques jours, a déclaré qu'Ithace était innocent. »
Comme toutes ces paroles faisaient peu d'impres-
sion sur Martin, l'empereur s'enflamma de colère
et s'éloigna brusquement; bientôt après il donna
l'ordre d'exécuter ceux pour qui Martin l'avait
imploré.

XIII. — « Lorsque Martin l'apprit, il était déjà
nuit; il se rendit précipitamment au palais, et
promit à l'empereur de communiquer avec les
évêques, s'il pardonnait et rappelait les tribuns
envoyés en Espagne pour la ruine des églises.
Sans retard, Maxime accorda tout. Le lendemain
avait lieu le sacre de l'évêque Félix, très-saint
homme assurément, et bien digne d'être fait
évêque à une meilleure époque. Ce fut ce jour-là
que Martin communiqua avec les évêques, pensant qu'il était préférable de céder pour le moment, que d'abandonner ceux que le glaive menaçait. Les évêques s'efforcèrent d'obtenir de lui
une attestation écrite de cette communion; mais
ils ne purent y réussir. Il s'éloigna à la hâte le
lendemain, en gémissant le long du chemin d'a-

voir participé pour quelques heures à une coupable communion. Près du bourg d'Andethan-
na (1), là où commencent à s'étendre de vastes
forêts solitaires, ses compagnons l'ayant un peu
dépassé, il s'assit accusant et défendant tour à
tour dans son esprit cette communion, cause de sa
douleur. Tout à coup un ange se présenta à lui :
« Martin, c'est avec raison que tu t'affliges, dit-
il ; mais tu ne pouvais t'en tirer autrement ; ra-
nime ton courage, afin de ne pas mettre maintenant en péril non ta gloire, mais ton salut. »
A partir de cette époque, il se garda de communiquer avec le parti d'Ithace. Comme il déli-
vrait les possédés avec moins de facilité qu'au,
paravant, il nous avoua en pleurant qu'à cause
de cette coupable communion, à laquelle il avait
participé un instant par nécessité et non de cœur,
il sentait une diminution de sa puissance. Pendant les seize années qu'il vécut encore, il n'as-
sista à aucun concile ou à aucune réunion d'é-
vêques.

XIV. — « Mais cette puissance diminuée pour
un temps lui fut, certes, rendue avec usure,

(1) C'est aujourd'hui le bourg d'Echternach, à l'entrée
du Luxembourg, sur la rivière de Sour, à quatorze kilomètres de Trèves.

comme nous pûmes nous en convaincre. Car je
vis plus tard un énergumène, amené à la porte
dérobée du monastère, se trouver délivré avant
d'en avoir touché le seuil. Une personne qui a été
témoin du fait m'a raconté que, se rendant à
Rome par la mer Tyrrhénienne, une tempête s'é-
leva, qui mit dans le plus grand péril la vie de
tous les passagers. Alors un marchand égyptien,
qui n'était pas encore chrétien, s'écria à haute
voix : « Dieu de Martin, sauvez-nous. » A l'instant
les flots s'apaisèrent, et pendant le reste du voyage
ils demeurèrent calmes et tranquilles. Lycontius,
ancien vicaire et homme d'une vive foi, écrivit à
Martin pour implorer son secours, car une maladie contagieuse avait atteint ses esclaves et en-
combré sa maison de malades. Le bienheureux
répondit alors que la guérison serait difficile, car
le Saint-Esprit lui avait révélé que la main de
Dieu s'était appesantie sur cette demeure. Pendant sept jours et sept nuits il ne cessa pas de
prier et de jeûner, afin d'obtenir du Seigneur ce
qu'il s'était chargé de demander. Bientôt Lycontius accourut vers lui, pénétré de reconnaissance,
pour lui annoncer que tous ses esclaves étaient
sauvés. Il lui offrit cent livres d'argent que le Saint
accepta sans les recevoir; car, avant que cet argent fût arrivé au monastère, il l'avait déjà employé à racheter des captifs. Et comme les frères
lui suggéraient d'en garder un peu pour l'entre-

tien du monastère, lui représentant qu'ils avaient à peine de quoi vivre et que plusieurs d'entre eux manquaient de vêtements, il leur dit : « L'église doit nous nourrir et nous vêtir, pourvu que nous ne demandions rien pour notre usage. » A présent revient à ma mémoire le souvenir de grands miracles opérés par ce saint prélat, et qu'il est plus facile d'admirer que de rapporter. Vous reconnaîtrez certainement avec moi qu'il y en a beaucoup qu'on ne peut raconter. En voici un, par exemple, que je doute pouvoir vous exposer comme il s'est passé. Un des frères (vous le connaissez, mais je ne le nommerai pas, afin de ne pas causer de honte à un saint homme), ayant trouvé quelques charbons dans le fourneau de Martin, approcha un siége, écarta les jambes et s'assit au-dessus du feu en relevant indécemment sa robe. Martin, s'apercevant aussitôt qu'on profanait sa cellule, s'écria à haute voix : « Quel est celui qui souille ainsi notre chambre ? » Le frère l'entendit, et, reconnaissant la faute qu'on lui reprochait, il accourut tout tremblant auprès de nous, et confessa sa honte et la puissance de Martin:

XV. — « Un jour que Martin était assis dans la petite cour qui entourait sa cellule, sur l'escabeau de bois que vous connaissez tous, il vit deux dé-

mons passer sur le rocher élevé qui domine le monastère, et de là, gais et joyeux, pousser des cris
d'encouragement : « Allons ! Brice; courage !
Brice. » Ils voyaient de loin, je crois, ce malheureux qui s'approchait, et savaient bien quelle rage
le malin esprit avait excité dans son cœur. Aussitôt Brice entra furieux, et dans sa folie vomit
mille injures contre Martin. Ce dernier, en effet,
lui avait reproché la veille d'entretenir des che-
vaux et d'avoir des esclaves, lui qui ne possédait
rien avant d'être clerc, et qui avait été élevé dans
le monastère par Martin lui-même. Beaucoup
l'accusaient alors d'acheter de jeunes esclaves des
deux sexes. Ce fut pour cela que ce malheureux,
enflammé d'une colère insensée et surtout, comme
je le crois, excité par ces démons, s'emporta si vio-
lemment contre Martin, qu'il le menaça presque
de le frapper; tandis que le saint, le visage calme,
l'âme tranquille, s'efforçait par de douces paroles
de calmer l'irritation qui lui troublait le jugement.
Le démon avait si bien envahi le cœur de Brice,
qu'il en avait presque perdu la raison ; les lèvres
tremblantes, le visage décomposé et pâle de colère,
il proférait des paroles de péché, assurant qu'il
était plus saint que Martin. « Car moi, disait-il,
j'ai passé mes premières années à observer les
saintes règles du monastère où vous m'éleviez;
quant à vous, dès votre jeunesse, vous ne pouvez
le nier, vous avez été souillé par la licence des

camps, et maintenant, dans votre vieillesse, vous
êtes tombé dans de vaines superstitions et des
visions ridicules. » Après avoir vomi ces injures et d'autres plus graves encore, qu'il vaut
mieux taire, il s'éloigna après avoir exhalé sa
colère et croyant s'être vengé; puis il reprit en
marchant rapidement la route par laquelle il était
venu. Cependant les prières de Martin, j'en suis
persuadé, chassèrent les démons du cœur de Brice,
qui, plein de repentir, revint tout de suite trouver Martin, se jeta à ses pieds, et, rentrant en lui-
même, avoua qu'il avait cédé aux instigations du
démon; rien n'était plus facile à Martin que de
pardonner à un suppliant ! C'est alors qu'il nous
raconta, ainsi qu'à Brice, comment il avait vu le
diable l'agiter et était demeuré insensible à des
injures qui nuisaient plutôt à celui qui les proférait. Dans la suite, ce même Brice fut accusé de
grands crimes; mais jamais Martin ne put se ré-
soudre à déposer ce prêtre, de peur de paraître
venger une injure personnelle; souvent il répétait : « Si le Christ a supporté Judas, pourquoi
ne supporterai-je pas Brice? »

XVI. — « Postumianus prit alors la parole :
« Voici un bel exemple pour notre voisin; lorsqu'on l'irrite, malgré tout son bon sens, il oublie
le présent et l'avenir, ne se contient plus, s'em-

porte contre les clercs, attaque les laïques, et
remue toute la terre pour se venger. Voilà trois
ans qu'il est continuellement en querelle; ni le
temps, ni la raison ne le peuvent apaiser. Qu'il
est à plaindre! que cet état est déplorable! et ce
n'est cependant pas là son seul vice incurable. Tu
aurais dû lui raconter souvent, Gallus, ces exemples de patience et de calme, afin qu'il pût oublier
ses fureurs et apprendre à pardonner. Si jamais il
vient à être instruit de la petite digression qu'il a
occasionnée dans mon discours, qu'il considère
que je parle plutôt comme ami que comme ennemi; car, si cela était possible, j'aimerais mieux
le voir ressembler au saint évêque qu'au tyran
Phalaris. Mais laissons ce souvenir désagréable,
et revenons à notre Martin. »

XVII. — « Comme je m'aperçus que le soleil
disparaissait à l'horizon et que la nuit arrivait :
« La fin du jour approche, dis-je à Postumianus;
levons-nous, car nous devons offrir à souper à des
auditeurs aussi attentifs. Ne crois pas pouvoir terminer tes récits sur Martin, c'est une matière
abondante qui jamais ne s'épuise. Va porter ces
récits à l'Orient, et en retournant sur tes pas, en
traversant les ports, les îles et les cités, répands
parmi le peuple le nom et la gloire de Martin.
N'oublie pas surtout la Campanie; quoique ce

pays ne soit pas sur ton chemin, ne regarde pas
à un détour, même considérable, pour visiter l'illustre Paulin, cet homme célèbre dans tout l'univers. Raconte-lui, je t'en prie, tout ce que nous
avons dit hier et aujourd'hui; raconte-lui bien
tout, n'oublie rien, afin qu'il fasse connaître à
Rome la gloire du bienheureux, comme il a
déjà répandu mon livre non-seulement en Italie,
mais encore dans toute l'Illyrie. Paulin, nullement jaloux de la gloire de Martin, et grand ad-
mirateur des miracles opérés en Jésus-Christ, ne
refusera point de comparer notre saint évêque
avec Félix de Nôle. Si, par hasard, tu passes en
Afrique, raconte à Carthage ce que tu viens d'entendre, bien que cette ville, comme tu nous l'as
dit, connaisse déjà Martin, afin qu'elle ne garde
pas toute son admiration pour son martyr Cyprien,
qui l'a consacrée en y répandant son sang. Si, in-
clinant à gauche, tu entres dans le golfe d'Achaïe,
apprends à Corinthe et à Athènes que Platon à
l'Académie n'a pas surpassé Martin par sa science,
et que Socrate dans sa prison ne s'est pas montré
plus courageux que lui. Heureuse est la Grèce qui
a mérité d'entendre la parole de l'Apôtre ! Mais le
Christ n'a pas non plus abandonné les Gaules, à
qui il a donné Martin. Lorsque tu seras enfin parvenu en Égypte, quoique cette contrée soit fière
de la multitude et des miracles des saints, qu'elle
ne dédaigne pas d'apprendre que, grâce au seul

Martin, l'Europe ne le cède en rien à l'Asie tout entière.

XVIII. — « Enfin, lorsque tu mettras de nouveau à la voile pour te rendre à Jérusalem, je te charge d'une mission douloureuse : si jamais tu touches au rivage où est située l'illustre Ptolémaïs (1), c'est de t'informer avec soin de l'endroit de la sépulture de notre cher Pomponius, et de ne pas refuser une visite à des ossements déposés en terre étrangère. Là, que la douleur que tu éprouves de la perte d'un ami que nous chérissions tous te fasse verser des larmes, et, tout vain que soit cet hommage, couvrir sa tombe de brillantes fleurs et d'herbes odoriférantes. Dis-lui sans dureté ni sans aigreur en le plaignant, et sans lui adresser de reproches, que s'il eût voulu suivre toujours tes conseils et les miens, et imiter plutôt Martin que certaine personne que je ne veux pas nommer, jamais il n'aurait été si cruellement séparé de moi; ses cendres ne reposeraient pas sous le sable d'une plage inconnue; il n'aurait pas péri au milieu de la mer, comme un pirate naufragé, et n'aurait pas trouvé à grand'peine une sépulture à l'extrémité du rivage. Qu'ils voient leur

_____

(1) Aujourd'hui Saint-Jean-d'Acre, à soixante kilomètres environ au nord de Jérusalem.

ouvrage, ceux qui voulurent me nuire en l'éloignant de moi! et qu'ils cessent maintenant de s'acharner contre moi, puisqu'ils tiennent maintenant leur vengeance. » Ces tristes paroles, prononcées d'une voix altérée, arrachèrent des larmes à tout l'auditoire, qui se leva rempli d'admiration pour Martin, et non moins ému de mes pleurs.

FIN

TABLE

—

Tours. — Impr. MAME.

www.ingramcontent.com/pod-product-compliance
Lightning Source LLC
Chambersburg PA
CBHW051724090426
42738CB00010B/2079